地域文化传承与中小学英语教学

◎逯凌虹　陈月仙　著

吉林出版集团股份有限公司

图书在版编目(CIP)数据

地域文化传承与中小学英语教学 / 逯凌虹，陈月仙著.-- 长春：吉林出版集团股份有限公司，2023.9

ISBN 978-7-5731-4262-7

Ⅰ.①地… Ⅱ.①逯…②陈… Ⅲ.①英语课—教学研究—中小学Ⅳ.①G633.412

中国版本图书馆 CIP 数据核字(2023)第 172528 号

地域文化传承与中小学英语教学

DIYU WENHUA CHUANCHENG YU ZHONG XIAOXUE YINGYU JIAOXUE

著　　者　逯凌虹　陈月仙
责任编辑　刘东禹
开　　本　880mm×1230mm　1/32
印　　张　6.5
字　　数　220 千字
版　　次　2023 年 9 月第 1 版
印　　次　2023 年 11 月第 1 次印刷
出　　版　吉林出版集团股份有限公司
发　　行　吉林音像出版社有限责任公司
（吉林省长春市南关区福祉大路 5788 号）
电　　话　0431-81629679
印　　刷　吉林省信诚印刷有限公司

ISBN 978-7-5731-4262-7　　**定　　价**　58.00 元

前　言

中华大地幅员辽阔，不同的区域创造了源远流长、独具特色的地域文化。地域文化是一种文化符号、时代烙印、历史记忆，是中华文明的重要组成部分。深入挖掘不同地域文化蕴含的时代价值，并用英语讲好“中国故事”，对于树立文化自信，提升国家的文化传播力和文化软实力具有重要价值。

长期以来，义务教育阶段英语教学注重学生语言能力的构建，如词汇、语法、句型等语言规则的学习，但忽视文化能力的构建，尤其是忽视中国文化的英语输出能力培养，造成学生在文化理解和文化交际方面较为薄弱。《义务教育英语课程标准(2022 年版)》新增核心素养内涵，强调要提高学生的综合人文素养、培养学生的文化意识，包括对中外文化的理解和对优秀文化的鉴赏。英语课程的文化素养培养应解读为两个方面：西方文化的输入层面和中国传统文化的输出层面。在此背景因素影响下，立足地域文化，结合中小学英语教学中地域文化传承现状，提升中小学英语课程的文化教学水平，培养中小学生运用英语讲好中国文化的能力，是英语课程思政教学实施的重要组成部分，有助于提升学生人文素养，实现英语课程育人目标。

本书以当前中小学英语教学中地域文化传承为研究对象，

通过问卷调查、课堂观察、访谈等研究方法，从教材、教师、学生等方面调查当前中小学英语课堂中地域文化教学现状，发现其存在的问题，剖析相关成因并提出优化传承策略，以期为提升中小学英语地域文化教学质量贡献力量。另外，笔者所在单位淄博师范高等专科学校位于山东省淄博市，是齐鲁文化和黄河文化的发祥地之一。作为中华大地优秀地域文化重要组成部分的齐鲁文化和黄河文化，历史悠久，内涵丰富，颇具代表性。因此，本书在调查中小学英语整体地域文化教学状况的基础上，以齐鲁文化和黄河文化为例重点解读其文化内涵和时代价值，探讨如何构建其融合教学路径，并提供了相关的实践教学案例供一线教师和相关研究者参考。

本书适用于英语教学研究者、从事中小学英语教学的教师、师范院校英语教育专业的师生，以及地域文化和英语教学的爱好者。希望本书能为提升英语文化教学、弘扬中华传统文化、树立文化自信贡献绵薄之力。

本书第五章和第六章中黄河文化四篇教学案例属于山东省教育教学研究课题：“黄河流域生态保护和教育高质量发展”专项课题“中小学英语教学中黄河文化图式的构建研究”的阶段性成果，课题编号：2022HHZX097。

目　录

第一章 绪论

第一节 研究背景

一、国家提高文化软实力的整体需要

中华传统文化是我们最深厚的文化软实力。文化是一个国家、一个民族的灵魂，如果哪个民族不珍惜自己的思想文化就难以立足。继承和弘扬中华优秀传统文化、提升中华文化国际影响力是夯实国家文化软实力根基的需要，是中国和平发展的战略之举，对内可以增强民族向心力和凝聚力，对外可以增强国家亲和力和影响力。国家在强调文化软实力、文化自信重要性的同时，采取了多项措施来促进国家文化影响力的提升。中国作为历史悠久的文化大国，在大力发展经济的同时也利用文化优势为经济发展助力，中华文化"走出去"战略的实施为各区域发挥地域文化资源优势、扩大文化对外影响力提供了重要战略机遇。

二、地域文化传承的时代价值

在中国传统文化发展的历史长河中，地域文化扮演着根源性、符号性的重要角色，不同地域世代积累、沉淀的地域文化展现了特有的精神魅力。熠熠生辉的地域文化汇聚成中国传统

文化璀璨夺目的光芒，构筑了中华民族的精神命脉，是中华民族传承和发展的基础。深入挖掘地域文化的个性魅力、鲜活特征、时代价值，对于培育中小学生文化自信、推动中国文化建设具有重要的意义。随着当今社会经济一体化的加深，不同国家、不同地域之间的联系更加紧密，整个世界正在变成一个“地球村”，不同地域文化之间的碰撞、交流增加，文化的多元性面临着巨大的挑战又面临着巨大的发展机遇。如何在英语全球化的背景下最大限度地保留和传承本国、本民族的文化，在国际舞台上彰显中国特色愈来愈成为这个时代的主题和要求。传承和弘扬中国地域文化特色关键在于对地域文化的精神内涵进行创新性挖掘，提炼地域文化的精神标志，塑造地域文化的时代价值，充分发挥其精神引领和教育作用。

三、义务教育英语新课标的具体要求

《义务教育英语课程标准(2011 年版)》指出：义务教育阶段的英语课程具有工具性和人文性双重性质，英语课程的人文性指的是英语课程承担着提高学生综合人文素养的任务，具体来说，就是要普及应知的人文知识、培养相应的人文精神、实践应有的人文行为，最终提高中小学生的综合人文素养。《义务教育英语课程标准（2022 年版）》在前一版本的基础上新增核心素养内涵，强调要提高学生的综合人文素养，培养学生的文化意识，包括对中外文化的理解和对优秀文化的鉴赏。英语课程的文化素养培养应解读为两个方面：西方文化的输入层面和中国传统文化的输出层面。提高中小学生文化素养，培养其运用英语讲好中国文化的能力，是英语课程思政教学实施的重要组成部分，有助于实现英语课程育人目标，树立学生的文化自信。义务教育阶段是英语教学的基础阶段，这一阶段，不仅是英语学习的思维与习惯的形成阶段，而且是文化价值观成型的关键时期，在中小学英语教学中融合地域文化教学，提升青少年的地域文化素养，可以使文化传承具有更长久的希望，同时为国家储备文化传播人才，使文化传承具有对外传播的基础。

四、中小学英语文化教学的现实困境

由于各种原因，很长一段时期，中国的义务教育阶段英语教学过分注重语言基本功的强化训练，如词汇、语法、句型等语言规则的学习，忽视对相关文化知识的了解、拓展，尤其是中国本土民族文化的输入，造成学生在文化理解和文化交际方面较为薄弱，跨文化交际能力弱，特别是用英语表达中国文化的能力欠缺，本土文化自信度低，造成有些中小学生“哑巴英语”以及盲目崇拜西方文化的不良现象。因此，提高中小学生的文化意识，提高其用英语讲述中国文化、本土地域文化的能力已经成为迫切需求。虽然新课程标准早已明确提出文化教学的重要地位，但是落实到实际教学中仍有一定的困难和阻碍。教师的文化素养有待提高，教材的文化内容有待优化，学生对文化的重视程度有待改变，评价体系和评价方法有待统一，目前中小学英语课堂中的文化教学渗透仍陷在一定的困境中，如只口头喊文化教学重要而无真正实践行为、生硬的灌输式文化教学、文化教学与语言教学脱离等。摆脱中小学英语文化教学的困境还需师生、学校、社会共同努力。

第二节　研究目的和意义

一、研究目的

本研究调查分析中小学英语课堂地域文化教学的整体现状并以齐鲁文化和黄河文化为例在山东省内展开重点调查分析，以期探索出英语工具性和人文性相结合的更优教学途径，优化当前中小学英语地域文化教学效果，实现学生英语语言素质和人文素养齐头并进的最终目的。具体如下。

1.调查了解中小学英语教学中地域文化教育的现状，分析地域文化教育不足的成因。

2.探索解决当前地域文化融入中小学英语教学困境的有效方法、策略，丰富中小学英语文化教学内容，增强学生对地域文化的理解和认识，提高学生用英语表达地域文化的能力。

3.明确齐鲁文化和黄河文化的内在含义和时代价值，以齐鲁文化、黄河文化为例探讨山东省内中小学英语教学与地域文化传承的融合策略。

4.通过教学案例详细展示小学、中学英语教学融入地域文化的实践操作，为教师提供教学帮助。

二、研究意义

（一）理论意义

1.丰富中小学英语教学理论。本研究调查中小学英语教学中地域文化融入现状，挖掘地域文化内涵及价值，探讨如何在中小学英语教学中融入地域文化，是对现有中小学教学理论的有益补充和完善，是对现有文献资料的丰富和扩充。

2.落实践行新课标理念。将地域文化传承与中小学英语教学相结合，提高英语教学中文化素养的培养能力，使英语教学更好地服务于地域文化传播，符合新课标的相关要求，是对《义务教育英语课程标准（2022年版）》和《中国学生发展核心素养》的回应与实践，研究成果对落实和践行相关政策理论起到一定作用。

3.指导地域文化英语教学实践。本研究的相关理论分析和实践案例分享，对中小学英语教学中如何融入地域文化教学具有指导意义，为教学实践提供理论依据和实操指导，使教育教学理论与实践更加紧密地结合。优秀教学示例可以丰富中小学课堂教学实践，为相关研究提供鲜活的具体案例和参考依据。

（二）实践意义

1.有利于丰富英语教学的文化内涵，提高学生地域文化的英语表达能力。本研究有助于中小学生在英语学习过程中了解所学语言背后的文化内涵，更好地感受地域文化的内涵和人文气息，提高用英语阅读、理解和表达地域文化的综合能力，提高用英语讲好中国传统文化的能力。将内涵丰富的地域文化渗透于英语教学，可以丰富英语教学内容，引导学生用英语表达家乡的地域文化，更是可以让学生产生亲切感和新鲜感，提高学习兴趣，激发文化传承的责任感和使命感。

2.有利于提高教师教学水平，提升英语文化教学效果。本研究关注地域文化传承与中小学英语教学，对英语教学中地域文化价值、现状等的调查研究有助于唤起英语教师对地域文化知识的关注和重视，激发他们提升自身文化素养，优化教育教学。以齐鲁文化和黄河文化为例提供的相关地域文化知识、教学方法、教学案例可以为英语教师优化自己的文化教学提供具体参考和模板借鉴，从而使其提升自身文化素养，提升教学效果。

3.有利于地域文化的传承和发展。中华大地地域文化博大精深、各具特色，中小学英语教学中渗透地域文化可以引导学生深入了解自己家乡的历史文化，传承家乡文化的精神内涵，传播发扬家乡文化，进而帮助学生正确看待地域间的文化差异，提高文化包容力和文化传播能力。

4.有利于提升文化自信和民族自豪感。在中小学英语课堂中融合地域文化有助于调动学生关注家乡文化的热情，培养学生关注不同地域文化的习惯，感受中国文化的深厚底蕴和历史积淀，帮助学生形成正确的世界观、人生观、价值观，完善学生的人格，提高文化素养。对地域文化的关注和了解也可以帮助学生找到心灵的归宿，培养他们乐观积极的人生态度，增强他们作为中国人的自豪感，提升文化自信和民族自豪感。

第三节　研究思路和方法

一、研究思路

本研究是关于地域文化传承与中小学英语教学深度融合的实践研究，着重解决两大问题：一是地域文化在教学中的传承与实践问题；二是当前中小学英语课程的文化教学问题。本研究认为，在当今我国提高文化软实力、树立文化自信的背景下，我们的英语教学文化应该体现多元共存、反思创新的基本精神。

本研究共分为六个章节。第一章介绍中小学英语教学与地域文化融合研究的相关政策文件和时代背景，论述研究的目的和意义，以及研究采用的思路和方法；第二章阐述地域文化的相关概念、理论基础以及国内外研究现状，其中理论基础包括人本主义学习理论、社会建构主义学习理论、跨文化交际理论等；第三章以当前中小学英语教学中地域文化传承现状为研究对象，通过问卷调查、课堂观察、访谈等研究方法，从教材、教师、学生三方面调查分析当前中小学英语课堂中地域文化教学现状，发现其存在的问题，剖析相关成因，并提出优化传承策略，以期为提升中小学英语地域文化教学质量贡献力量；第四、五章以笔者所在家乡山东的地域文化——齐鲁文化和黄河文化为例，重点解读其文化内涵和时代价值，分析齐鲁文化和黄河文化在中小学英语教学中的现状，探讨如何构建其融合教学路径；最后一章从实践教学角度，提供中小学英语教学与齐鲁文化、中小学英语教学与黄河文化融合的多个地域文化教学案例，供一线教师和相关研究者参考。

二、研究方法

研究方法可以揭示事物的内在规律。本研究结合质性和量化研究，通过多视角剖析，以求获得客观真实的研究结果及可行的解决方法。

（一）文献分析法

利用国内权威期刊网及网络资源等收集与本主题相关的研究文献并进行梳理分析，主要包括地域文化、齐鲁文化、黄河文化、中小学英语教学等相关的理论和实践研究，为本研究提供理论依据。

（二）问卷调查法

依据研究目标，根据中小学英语教学和地域文化的独特特点，设计学生调查问卷和教师调查问卷。分别从教师和学生两方面深入了解当前中小学英语教学中地域文化、齐鲁文化和黄河文化的教育现状，其中齐鲁文化和黄河文化仅针对山东省展开调查。

（三）课堂观察法

作为对问卷调查的补充，深入一线教学课堂对中小学英语课堂进行实地观察与记录，主要观察教师授课过程中地域文化知识的讲解情况、地域文化精神的渗透情况等，并进行定性定量的描述。

（四）课例研究法

课例研究是以教师的教学实践为基础，通过对一节课的全程描述或其中若干片段的描述，使之形成个人反思的对象、理论研究的素材或他人学习的范例。通过对中小学英语教学中的课例进行研究，记载评析中小学英语教学中地域文化融合的优秀典型课例，形成教学案例素材，为中小学英语教学提供参考，丰富研究成果。

（五）访谈法

在对问卷调查结果和课堂观察内容进行初步分析后，选取有意义的研究问题对中小学英语教师进行进一步的访谈，以期了解他们的内心想法。访谈形式有面对面交谈、电话沟通、微信语音通话等，通过与教师的深入交流，加深对关键问题的了解和分析。

第二章　地域文化概说

第一节　地域文化研究相关概念

一、地域文化

地域通常指一定的地理空间，也称区域，指一定的地域空间内自然要素和人文因素共同形成的综合体。地域的主要特征有区域性、人文性、系统性。在一定的地域环境中形成的具有地域烙印的独特文化就是地域文化。中国的地域文化指中华大地某个特定区域形成的源远流长、独具特色、仍发挥传承作用的文化传统。地域文化是经过历史长河积淀形成的，是长期的、不断发展的、不断变化的，但是在一定时间内具有相对的稳定性。地域文化涵盖地域内人们的方言文化、饮食文化、民间建筑、艺术成就、风俗习惯以及价值观念等各个方面。

中国丰富多样的自然地理环境和古代相对闭塞的交通运输条件造就了绚烂多彩的丰富地域文化。1995 年辽宁教育出版社陆续出版的《中国地域文化丛书》（全 24 册），将中国的地域文化分为三秦文化、齐鲁文化、燕赵文化、荆楚文化、三晋文化、徽州文化、巴蜀文化、江西文化、岭南文化、八闽文化、吴越文化、琼州文化、两淮文化、黔贵文化、滇云文化、关东文化、青藏文化、草原文化等共计 24 种。地域文化具有以下四大特征：首先，地域文化具有地域性。地域文化是在一定地域内形成、发展的，其传播和传承也是在一定的地域范围内；其次，地域文化具有亲缘性。地域文化与当地人民的日常生活关系密切，是当地人耳濡目染、亲身参与的文化。当地人民是地域文化的创作者和实践者，他们最容易接受地域文化，而对于外来者来说，地域文化具有一定的距离感；再次，地域文化具有潜在性。个人在某个既定的地域生活得久了会受当地文化的影响，不知不觉被打上当地文化的烙印；最后，地域文化具有边缘性。相较于中华文化的主流，地域文化具有边缘性，但是与主流文化之间不断发生相互作用，呈现边缘文化与主流文化共生互动的和谐局面。

二、齐鲁文化

“齐鲁”一名，因于先秦齐、鲁两国[①]。到战国末年，随着民族融合和人文同化的基本完成，齐、鲁两国文化逐渐融为一体。因为文化的一体，“齐鲁”形成一个统一的文化圈，由统一的文化圈形成了“齐鲁”的地域概念。齐鲁文化，确切地说，不是一种单一的文化，而是齐文化和鲁文化的融合。春秋时期的鲁国，产生了以孔子为代表的儒家思想学说，而东临滨海的齐国却吸收了当地土著文化（东夷文化）并加以发展[②]。两种古老文化存在差异，齐文化尚功利，鲁文化重伦理；齐文化讲求革新，鲁文化尊重传统。两种文化在发展中逐渐有机地融合在一起，形成了具有丰富历史内涵的齐鲁文化。

---

①逄振镐.齐鲁文化研究[M].济南：齐鲁书社，2010.

②李新泰.齐文化大观[M].北京：中共中央党校出版社，1992.

广义的齐鲁文化包括齐鲁人民的思维方式、风俗习惯、信仰、理念等；狭义的齐鲁文化包括齐鲁大地的文学艺术、语言文字、历史、地理、教育、科技、戏剧、音乐、电影、政治家、英雄人物、作家、艺术家等①。在文化的发展过程中，与其他文化相比，齐鲁文化实际获得了在政治和文化上的支配地位。在山东省中小学英语课堂上进行齐鲁文化融入教学，就要选择最具代表性的齐鲁文化的核心部分，整理出齐鲁文化的精华，在教学实践中渗透齐鲁文化的核心内容，同时侧重齐鲁文化与中华文化共核的部分，例如中华节日、习俗、政治、经济、历史、人物等。

三、黄河文化

黄河文化指黄河流域广大劳动人民在长期的社会实践过程中创造和总结形成的物质财富和精神财富的总和②。黄河文化内涵丰富，包括一定的行为方式、社会规范、风俗习惯等，还包括思想观念、精神面貌、价值取向，以及由此达到的社会生产力水平等。从地理位置来说，黄河流域包括从源头巴彦喀拉山，流经的青海、四川、甘肃、宁夏、内蒙古、山西、陕西、河南、山东 9 个省份、自治区以及历史上黄河多次改道涉及的河北、天津、江苏等地区。黄河文化涵盖内容极广，从地域范围来看，是由上游三秦文化、中游中原文化、下游齐鲁文化为主体，且包含三晋文化、燕赵文化等亚文化层次

①逄振镐.齐鲁文化研究[M].济南：齐鲁书社，2010.

②李立新.深刻理解黄河文化的内涵与特征[N].中国社会科学报，2020-09-22.

在内的庞大的文化体系[①]。由于特殊的地理环境，黄河文化在工业化之前，一直没有受到外来武力入侵，得以获得持续性、独立性的发展，形成了具有鲜明黄河流域地域特征的旱地农耕文化。

黄河文化是中华文明孕育和发展的摇篮，在长达几千年的时间里，黄河流域一直是中国政治、经济和文化的核心。夏、商、周、秦、汉、魏、晋、隋、唐、北宋等朝代都在这里建都，儒、墨、道、法等思想体系在这里形成，众多不朽的典籍如《诗经》《道德经》《史记》等在这里诞生，大量科技成果，如四大发明指南针、火药、造纸术、活字印刷术等在这里涌现，天文历法、文学艺术、农田水利、器物制造等技艺在这里蓬勃发展。黄河文化孕育了最初的中原文化，成为中国传统文化的发祥地和核心，中华儿女从鸿蒙走向文明，从贫瘠走向繁荣，发展为几千年的文明，成为世界文明古国。因此，黄河历史就是一部浓缩的中华文明史。

第二节　地域文化研究理论基础

一、人本主义学习理论

人本主义学习理论兴起于二十世纪五六十年代，以美国心理学家马斯洛和罗杰斯为主要代表。人本主义并非集中研究人的问题行为，而是强调人的正面本质和价值，并强调人的成长和发展、人的自我实现过程。

①王志民.黄河文化通览[M].北京：中华书局，2022.

（一）人本主义学习理论的主要观点

1.人本主义的学习观。学习是在一定条件下自觉挖掘潜能、自我成长、自我实现的过程，学习的目的和结果就是培养具有高度适应性和内在自由性的完整的人，促进学生自我实现，促进学生整体人格的发展，使学生成为完善、有用的人。罗杰斯认为，学习分为无意义学习和有意义学习。无意义学习不涉及感情或个人意义，是一种“颈部以上发生的学习”，与完整的人的成长无关。有意义学习是一种关涉个体行为、态度、个性以及人生价值观的学习，其特征是：①全身心投入；②自我发起；③渗透性；④自我评价。

2.人本主义的学生观。教师要尊重学生、珍视学生、相信学生自己的潜能，在感情上和思想上与学生产生共鸣。建议教师在教学中采用“非指导性教学”，信任学生，并同时感受被学生信任。

3.人本主义的教师观。人本主义教育中师生关系是平等的、朋友式的，教师是“学习的促进者”而不是主导者。教师的任务是为学生创设良好的学习环境，让学生自由选择。教师应做到真诚、认可、移情，营造良好的课堂气氛。

（二）人本主义学习理论对英语教学的启示

人本主义学习理论肯定人的本性，重视人的内在需要，不仅是一种崭新的教育心理学思想，而且是对传统教育的一种变革。它不仅丰富了人类学习理论的内涵，而且促进了当代教育改革的过程，对英语教学具有重要的启示作用。

1.人本主义学习理论强调学生在教育中的主体地位，提出“以人为中心”“以学生为本”。因此，教师和学生之间是民主平等的师生关系，教师应重视尊重学生的独立人格，保护其自尊心，帮助其挖掘自身潜能、发展个性和实现自我价值。

2.人本主义学习理论强调认知与情感相结合的教学[①]。因此，在英语教学中不应只看重学生的学习成绩，而应进行多项职能的培养与多元评价，积极促进学生形成乐于学习的健康情感。

3.人本主义学习理论个性化的自我评价。教师不应看重学生之间的横向比较，应关注学生自身的纵向对比，关注学生是否比自己以前有所进步。同时用合理的评价方式对学生做出客观公正的评价，使学生正确认识自己的学习情况，掌握自我评价的方法，提高英语学习的自主性。

4.人本主义学习理论强调情感化的师生关系。教师应关注学生的情感，欣赏赞美学生的优点，帮助学生从教师、同学身上获得关爱、尊重、认可等，形成融洽和谐的师生关系、生生关系。

二、社会建构主义学习理论

社会建构主义是以维果茨基的思想为基础发展起来的，主要关注学习和知识建构的社会文化机制。社会建构主义认为世界是客观存在的，对每个认识世界的个体来说是共通的。社会建构主义反对客观主义，强调主客体间的互动，认为个人主体和社会是相互联系的。

（一）社会建构主义学习理论的主要观点

1.知识是建构的，不是现实的“映像”“表征”或“表

①王淑杰.当代国际小学外语理论发展研究[M].广州：中山大学出版社，2009.

象”，建构不是个体的建构，而是社会的建构，是个人与别人经由协商与和解的社会建构。认识的过程是积极主动的建构过程，而不是被动的反映过程。

2.学习是一个文化参与的过程，学习者通过参与学习共同体的实践活动来建构有关的知识。学习不仅是个体对学习内容的主动加工，而且需要学习共同体之间的合作互助①。

3.关注学习和知识建构背后的社会文化机制，认为不同文化、不同环境下个体的学习和问题解决之间存在着很大的不同。学习共同体成员之间分享资源，共同完成学习任务，形成一定的规范和文化。

（二）社会建构主义学习理论的教学模式

1.探究学习。探究学习是基于问题解决来建构知识的过程，在教学过程中通过设置有意义的问题情境，引导学生不断地发现问题、解决问题来探究知识，形成解决问题的技能以及自主学习的能力。

2.情境教学。情境教学指建立在真实事件或真实问题基础上的教学，是将知识学习与情境化的活动联系在一起的教学方式，强调学生在真实任务情境中去尝试分析问题、解决问题。

3.合作学习模式。合作学习是指通过讨论、交流、观点争论，相互补充和修改，共享集体思维成果，完成对所学知识的意义建构过程。合作学习模式主要是以互动合作（师生之间、学生之间）为教学活动取向，以学习小组为基本组织形式，共同达成教学目标。

---

①郑玉琪，高健，侯旭. 英语教学理论范式嬗变与重构[M]. 南京：东南大学出版社，2017.

4.抛锚式教学模式。抛锚式教学的目的是让学生在一个真实、完整的问题背景中产生学习的需求，通过交流互动，实现主动学习、生成学习。抛锚式教学利用以逼真情节为内容的影像作为“锚”，为教与学提供一个可以依靠的宏观情境。抛锚式教学的方法主要有：搭建脚手架、镶嵌式教学、主动学习、开发学生指导者等。

（三）社会建构主义学习理论对英语教学的启示

1.学习者学习的是具有个人意义的东西。在学习过程中，真正能够同化进学习者认知结构的是那些在学习者看来有意义的东西。教师需要综合考虑学生的背景知识、兴趣情感、现实处境等主观因素，构建有意义的有效学习方式。如果教师忽视学习者的认知水平、学习需求、动机兴趣等具体情况，往往不会很好地达到教学目的。

2.提供对学习者真正有意义的任务，才能促进有意义学习的产生。社会互动在儿童认知发展中起着重要的作用，学习者之间通过信息交换、意义协商等促进各自的学习和发展。英语教师提供对学习者真正有意义的任务，所谓真正有意义的任务，一是任务本身要有意义，二是对学习者要有意义。这样才能保证学习活动不会停留于为形式而形式的练习，而是以有意义的交际为目的。

3.借助任务发挥中介作用。依据建构主义理论，学习者会自己对所面临的任务的意义进行建构，因而对任务的理解和情感反应会因人而异，这将是教师识别学习者需求和调整学习活动的依据。任务的选择和提出总是体现着教师的教育理念。另外，教师的中介作用还在于，要通过他们本身的语言为学习者创造良好的学习氛围，增强他们的自信心。

三、跨文化交际理论

跨文化交际学诞生的标志是1959年爱德华·霍尔的著作《无声的语言》，他在这本书中首次提出“跨文化交际”一词。霍尔认为，在运用空间、时间表达语言含义方面不同文化背景的人们存在明显差异，进而着力研究身体语言等非言语文化差异对交际的影响。霍尔根据文化和语境的联系把世界文化分为从高语境型到低语境型的文化连续流。

（一）跨文化交际理论的主要观点

跨文化交际理论的核心议题是文化差异问题，解决由文化差异造成的交际障碍，后来逐渐延伸到调整、身份、价值、能力与意义等议题。

国内对跨文化交际理论的研究始于20世纪80年代，研究者重点对文化差异造成的外语教学和语言交际困境进行了相关探索。中国学者们立足本土文化，对西方跨文化理论进行了批评和改善。有学者认为，跨文化交际涉及文化和语言的双重规约，不同文化的差异和不同语言的差异导致交际障碍的产生。也有学者进一步指出，英汉文化差异还体现在两者的礼貌准则有所不同。中国文化中的礼貌原则是“贬己尊人”，秉承温和的文化相对主义和语言相对论，在承认人类共性的基础上强调不同语言、不同文化的独特性和不可通约性。还有的学者提出，交际能力包括语法、语篇、策略和社会语言四方面的能力。

（二）跨文化交际理论对英语教学的启示

1.语言不是孤立的，而是与文化相辅相成。语言反映了一个民族或国家的文化，语言是文化的载体，具有文化的特点。语言与文化紧密相连、相互影响、相互制约，有效地交际需要语言和文化的双重参与。

2.外语教学的最终目的是培养学生的跨文化交际能力。跨文化交际指不同文化背景的人们之间的交流，这些不同的文化包括生活方式、文化取向、价值观念、思维方式、行为规范等。学习外语是为了了解并尊重不同文化之间的差异，更好地与不同文化背景的人交流，在交流过程中避免产生文化障碍，达成思想交流的有效目的。

3.跨文化交际能力的培养需要在外语教学中进行文化教学。国外学者提出外语教学中要进行三个阶段的文化教学：早期阶段介绍词汇的内在含义、恰当的行为表现；中期阶段重点讲解跨文化差异，加深学生对习俗、礼仪等的理解；高级阶段随着学生对目的语文化的认识加深，引导学生对目的语文化进行批判性的描述和深入调查研究。

第三节　地域文化英语教学研究现状

截止到 2022 年 12 月 30 日，利用国内权威网站以“地域文化”“教学”“英语”等为关键词进行高级检索，得到相关的文献研究数据。2010 年之后地域文化研究迅速发展，地域文化逐渐成为研究的热点，其中地域文化与教育教学的研究也普遍得到研究者们的关注，研究成果丰硕。图 2–3–1 整理了地域文化与教学研究以及地域文化与英语研究方面自 2010 年以来的研究相关文献数量变化趋势，从图中可以清晰地看出地域文化的研究相关文献数量呈逐渐上升趋势，其中 2022 年相关文献的数量有所下降并不是地域文化研究相关文献总体数量减少，而是研究者更加关注从不同特色的地域文化角度来进行具体研究。从图中还可以发现地域文化与英语的研究相关文献数量相对较少，增长速度偏慢，研究需要加深。

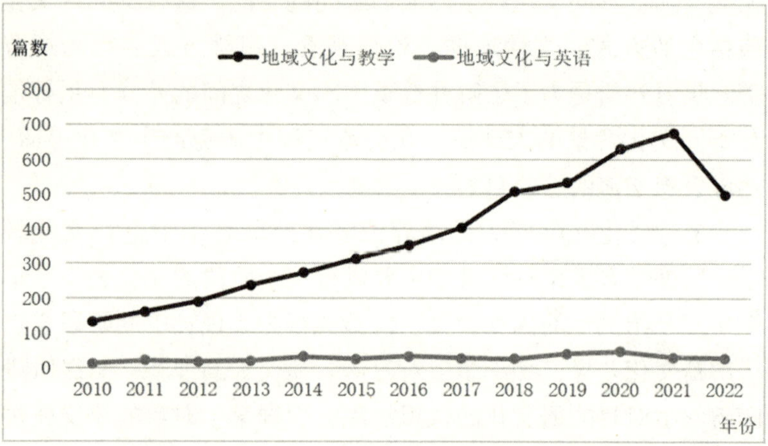

图 2-3-1　地域文化研究的相关文献数量统计图

一、地域文化在英语教学中的研究

（一）地域文化的整体研究

从研究视角来看，根据不同研究目的需要，地域文化研究呈现不同的研究方向。目前地域文化的研究主要从四个角度展开。

1.从文化的时间角度。学者们从文化学、历史学的角度探讨地域文化，如《中国地域文化丛书》（全 24 册）把全国的地域文化划分为三秦文化、燕赵文化、齐鲁文化、荆楚文化、黔贵文化、琼州文化等 24 种。

2.从地理学科的角度，尤其是文化地理学的角度。学者们从地理的角度分析地域文化的形成、分布、变迁、传播等，探究不同地域文化的地域特色和传承发展。

3.从区域经济发展的需要。学者们揭示区域内经济发展的文化内涵和文化特色，挖掘区域经济发展的文化原动力，如“苏南模式”“温州模式”等，挖掘区域内特色文化产品和文化旅游资源，促进经济的进一步发展。从教育教学的角度，地域文化研究广泛渗透到人文社会学科研究中，发展成为学科教学的研究视角，成为学科研究的重要工具性概念。

4.从研究主题来看，地域文化研究包括教育教学、文创产业、旅游发展、乡村发展、城市建设等；教育教学方面包括课程融合教学、校本课程或特色课程开发、校园建设、校园空间文化建设、教师教育等；文创产业包括文创产品设计、包装设计、品牌构建等；旅游发展方面有历史文化街区景观、古镇旅游、地域文化群旅游等；乡村发展方面有乡村景观设计、传统村落更新、土特产品开发、茶叶包装设计等；城市建设方面包括城市品牌塑造、城市道路绿化景观设计、城市建筑、城市景观设计、旧城改造等。

（二）地域文化与教学研究

在地域文化教学研究领域，研究主题包括地域文化的教育功能、地域文化教材的编写和使用、地域文化教学方法更新、地域文化师资培训等。研究科目方面涉及高校、职业院校、中小学的几乎所有科目以及幼儿园教学。研究者主要是来自高等教育学校、职业院校、中小学校的学科教师以及专业研究者。

高等教育方面研究主要集中在地域文化与思想政治课、对外汉语、古代文学、艺术设计、美育等学科的教学融合。有些学者以泰山文化为例探讨对外汉语文化教学，认为在对外汉语文化教学中融入区域文化教学可以帮助留学生缓解紧张，减少跨文化交际障碍，促进当地文化传播。有些学者以上海、湖南、山东等地区的留学生为研究对象，调查地域文化及方言对他们生活、学习的影响，以及留学生对各地域文化及方言的认知和需求情况，从初级、中级、高级三个水平阶段提出帮助留学生感知文化、学习文化、体验文化的教学策略。

中等教育阶段的地域文化研究集中在与各科教学融合和课程资源开发方面，其中高中地理、初中语文最多，历史、英语、美术、思想品德等学科，以及班级文化建设等也多有涉及。如有的研究者以统编版初中语文教材为研究对象，整理教材中的地域文化内容，分析教材中地域文化的选文特征、编排特点，并分别从选文、写作、综合学习等方面提出融入地域文化的教学设计。此外，其他地方版本的初中语文教材也有学者研究，如学者在初中美术校本课程教学实践中融入海沧地域文化，通过单元化教学设计，促进初中美术课教学目标的有效达成。

小学幼儿园阶段的地域文化教学研究主题丰富，除与各学科如语文、美术、道德与法治等的教学融合外，还有校内课程开发、美育教具设计、民歌、主题班会、地域文化研学等。部分学者对地域文化在小学幼儿园绘本教学中的价值、地位、作用进行了分析，在调查融合现状的基础上提出地域文化与小学幼儿园绘本的整合策略。

（三）地域文化与英语教学研究

在英语教学中融入文化的重要性已经取得研究者的共识，

在英语教学中引入地域文化可以提升学生的文化辨别力和对地方文化的认可度，有助于地域文化的传播和当地经济的发展。研究者普遍认为，英语教学中对地域文化的关注较少，尝试分析目前英语课程中地域文化教学现状，分析造成英语教学中地域文化教学困境的原因，提出相应的教学优化策略等。

关于造成目前英语课程地域文化教学困境的原因以及如何优化英语教学中地域文化的教学策略，研究者主要从教材、教师、教学目标、考评测验等方面进行了分析，并针对不同原因提出了具体的优化教学建议。如一位学者从体认语言学认识角度提出通过创设情境课堂、播放情境体验视频、实地考察等引导学生在教学中体验并实践文化；另一位学者提出学校应该树立地域文化育人的教育理念，提升教师地域文化素养，开发当地特色地域文化教材，创新地域文化融入方式以及在教学评价改革等方面提升地域文化在英语教学中的教育效果；等等。

二、齐鲁文化在英语教学中的研究

齐鲁文化在教学中的研究自 2017 年开始逐渐受到关注，研究内容涉及高校思政课、美育、艺术教育、音乐教育、对外汉语教学、高中地理课、初中语文课等方面，重点对齐鲁文化融入各学科的价值内涵、渗透策略、实践路径、课程开发等方面进行了相关研究。

学者们认为，在英语教学中融入齐鲁文化有利于激发学生学习兴趣，促进英语教学的多样化，丰富英语教学的内涵；有利于学生了解家乡文化，感受齐鲁文化的深厚底蕴和历史积淀，传承和发展齐鲁文化；有的学者在调查齐鲁传统文化与大学英语教学融合现状的基础上，分析存在的问题及成因，并提出基于本土文化提升大学英语课程教育效果的相关措施。有的学者在调查大学生齐鲁文化失语现象的原因基础上，从课程设置改革、教师素养提升、学生文化观培养和学习材料拓展等方面提出提升策略。还有的学者提出在英语教学中可以通过词汇、英语表达材料、英汉汉英互译、第二课堂和网络学习平台等对齐鲁文化进行渗透。

三、黄河文化在英语教学中的研究

黄河文化作为中国传统文化的重要组成部分，其相关研究一直受到研究者的关注。黄河文化的前期研究多集中在对黄河文化的介绍和保护上，黄河文化与教学的融合研究自 2020 年起才开始见诸报端，包括黄河文化与历史、英语、思政、音乐、美术、语文等课程的教学融合。

黄河文化与英语课程相关的研究主要集中在黄河文化的英语翻译和对外传播上。有的学者以黄河文化为核心，提出了接受理论视角下黄河文化英语翻译的策略。有的学者分析了黄河文化的国内外传播现状，在翻译传播学视域下提出黄河文化以“我”为主和读者本位的译介策略。还有学者在分析中高职公共英语教学中融入黄河文化的必要性的基础上，构建了 PQ4R（预习 Preview—提问 Question—阅读 Read—反思 Reflect—背诵 Recite—复习 Review）的教学方法，同时自创了 WWCASR 研究模式，即找出问题（What）—问题成因分析（Why）—构建教学内容和方法（Construction）—分析结果（Analysis）—总结经验教训（Summary）—重构教学内容和方法（Re-construction），对黄河文化融入英语教学进行了改革性探索。

四、研究现状评析

1.研究内容方面，地域文化在英语教学中的研究已经取得一些成果，为国内的英语教学提供了新的思路，为教师实际课堂教学的开展提供了理论支持。但是经验层次的探讨居多，而理论探究不足，缺乏具体理论支撑下的地域文化英语研究。

2.研究对象方面，主要集中在高等教育课堂、高校师生，对基础教育阶段的课程关注度不够，尤其是对义务教育阶段中小学英语课堂教学和师生情况关注度不足。

3.研究视角方面，缺乏比较研究和整合研究。对地域文化不同历史时期的纵向比较研究以及国内不同地区地域文化的横向比较研究不足，另外，各学科的研究者倾向于探讨各自学科内部的内容，跨学科的联合研究几乎没有。

4.研究应用性方面，宏观方向性对策和建议较多，具有可操作性的微观建议相对单薄。中华文化博大精深，多数研究只是整体谈论地域文化的教学，没有将地域文化与课堂教学进一步具体化，缺乏针对性和实践性。

第三章 中小学英语地域文化教学现状调查与分析

第一节 中小学英语地域文化教学现状的调查设计

本研究的调查对象分为两大类：一是中小学英语地域文化教学的主体——教师和学生；二是中小学英语地域文化教学的主阵地——中小学英语课堂。主要采用了问卷调查法、访谈法和课堂观察法。

一、问卷调查法

为准确了解当前中小学生英语与地域文化融合教学的现状，研究组以初中、小学的学生和英语任课教师为调查对象展开问卷调查，调查重点是山东省内的中小学生和英语任课教师。在借鉴相关研究成果的基础上，结合中小学英语教学特点设计《中小学英语教学与地域文化的融合现状调查问卷》，分为教师问卷和学生问卷。问卷题型以选择题为主，含有少量填空题。问卷主要从教学目标、知识储备、教材设置、教学方式等方面对中小学英语教学中地域文化融合现状展开调查。通过网站发放调查问卷，共收到有效教师问卷 141 份，有效学生问卷502份。

二、访谈法

研究组在接受问卷调查的中小学生英语教师中选择10位教师进行了半结构性访谈，通过电话、微信语音通话、面对面谈话等方式了解他们对中小学英语地域文化教学的认识以及自身的地域文化素养状况。这些教师从事初中或小学英语教学工作多年，学历有专科、本科和硕士，对中小学英语课堂都有着客观真实的认识和了解。

表3-1-1　访谈对象基本情况汇总表

变量	级别	频率	变量	级别	频率
最高学历	高中或中师	1	教龄	5年以内	1
	专科	3		5~10年	3
	本科	5		11~20年	4
	硕士	1		20年以上	2

三、课堂观察法

为了解当前中小学英语课堂地域文化教学现状，研究组实地走进中小学英语课堂听课，共听课10节，同时委托笔者所在单位淄博师范高等专科学校部分实习学生视频录制或笔记记录自己指导教师的英语课堂教学，共记录课堂教学30节，其中新授课20节、复习课6节、练习课4节。研究组对这30节中小学英语课堂从文化知识教学、文化精神渗透以及文化行为践行三方面进行了细致的观察、记录与分析。

第二节　中小学英语地域文化教学现状的问题总结

教师、学生是教学活动的主体，教材是教学活动的媒介，是课程资源的核心部分。因此，本节主要从教材、教师、学生三方面对中小学英语课堂中地域文化教学现状进行分析总结。

一、教材方面

中小学教师认为英语教材中有关中国文化的介绍所占比重如何呢？笔者对此进行调查，结果发现：被调查教师中57.45%认为所占比重比较小或非常小，23.4%认为所占比重正合适，17.73%认为所占比重比较大，只有1.42%的被调查教师认为所占比重非常大。由此可见，教材关于中国文化的内容与教师的期待值还有所差距。除了教材，英语考试中涉及中国文化的比重也比教师的期待值低，58.16%的教师认为比重比较小或非常小，19.96%的教师认为比重正合适，20.57%的教师认为比重比较大，只有2位教师认为比重非常大，由此可见，考试中的中国文化比重与教师教学需求相比还需要提高。教材和考试中对中国文化内容涉及比重小，涉及中国地域文化的内容可想而知更加少，笔者由此认为，对中国文化和中国地域文化的涉及内容少会造成师生对中国地域文化的忽视。

通过对教材进行进一步分析，可以发现现行中小学英语教材主要存在以下问题。

（一）背景文化知识缺乏

中小学英语教材内容比较丰富，有利于开阔学生视野，但是很多文化知识只是通过词汇或者图片的形式呈现，与文化相关的语篇呈现较少，并且语篇缺少相关的背景文化知识介绍。然而，现在的优质课、公开课等特别重视文化知识的拓展，教师为了呈现良好的教学效果需要自己花费大量时间查阅，占用大量课下时间。教师在实际授课过程中又受课时限制，担心课上讲解文化知识用时过多会完不成大纲要求的教学内容，造成学生抵触情绪。如果能够在教材中设置专门的背景文化知识介绍板块，拓展英语文化词汇和文化句式等，可以有效减少教师的备课压力，提高学生的学习兴趣，同时对考试内容选取也起到一种很好的指挥作用。

（二）文化分布的顺序性和科学性有待优化

教材中关于中国传统文化的内容分布分散随机，缺乏联系，没有顺序性和层次性。教材文化知识的设置应该由易到难、由浅入深地有计划、有层次地排列。现行的英语教材的顺序和层次一般都是针对语言知识学习和语法知识点等，缺乏针对文化信息的层次安排。教材编排重视语言知识忽视文化信息，也会造成语言知识与文化知识相脱离的情况。中小学英语教材可以在语言知识基础上拓展相应的文化内容，为学生提供接触不同深度和广度的文化知识的平台，如可以在“练习”“自检”等环节体现地域文化内容，或者专门设置一个“运用语言表达文化”的栏目，增强语言知识和文化知识之间的联系，使两者紧密结合。根据学生的年龄和认知能力设置层次性的文化表达要求，低年级以英语词汇、短语、简单句为主，重在表达文化；中高年级可以逐渐过渡到长句、小短文，重在讲解文化、理解文化。

（三）部分文化素材陈旧，与时代步伐脱节

目前教材中有些关于文化的内容时间久远，素材陈旧，学生对这些文化内容熟悉度低，不利于激发学生的学习兴趣。还有的数据长时间未更新，与最新的数据存在出入。因此教材中应该适当增加富有时代气息的文化素材，相关数据根据最近统计结果及时更新，紧跟时代步伐，与时俱进。在学习语言的同时，如果能通过语言了解与学生关系密切、学生熟悉的文化现象，可以更好地提高学生学习兴趣，激发其文化表达的动力。

二、教师方面

（一）中国文化的英语表达教学讲解不足

通过问卷调查和课堂观察发现，大多数中小学教师已经意识到文化教学的重要性，认识到英语教学中应该语言知识与文化知识并重，但是在具体的教学实践中仍会不自觉地重视语言知识讲授，忽视文化知识的传达，尤其是对课外文化知识的补充讲解明显不足。

在被问到“您认为英语教学中语言知识和文化知识相结合的重要程度”，78.01%的被调查中小学英语教师认为非常重要，17.73%的教师认为比较重要，认为不太重要或不重要的教师仅

占 2.13%。被问到“您认为对文化的了解是否有助于促进英语语言学习”，81.56%的被调查中小学英语教师认为对文化知识的了解对于英语语言学习帮助很大，15.6%的教师认为帮助比较大，认为帮助不大或没有帮助的教师仅占 0.71%。由此可见，中小学英语教师普遍认为文化学习对于英语语言学习有比较大的促进作用，在英语教学中应该语言教学和文化教学相结合。

教师已经意识到文化教学的重要性，实际教学情况如何呢？对中国文化的介绍多吗？研究组首先对教师的自我认知展开了问卷调查，调查发现，45.39%的教师认为自己讲解非常多或比较多，53.19%的教师认为讲解次数一般或比较少，还有 2 名教师认为自己的讲解非常少。由此可见，教师对自己文化教学的讲解情况有比较清晰的认识，明白自己的文化教学次数并不是很多，还需要进一步优化和提高。

研究组又进一步对中小学英语教师的课堂授课情况进行了细致观察，通过对 30 节中小学英语课堂的观察记录，发现当前中小学英语教师对中国文化知识的教学主要以课本的显性资源为主，除了个别主题单元外，对中国地域文化知识的传授较少，在复习课和练习课中更是几乎全是语言学习。教师整堂课涉及课外文化知识的次数 0~1 次的占课堂总数的 70%，2~3 次的占 30%（见表 3–2–1）。其中能够较多涉及中国文化知识的课堂教学内容都是教材中明显出现的，对于隐含的中国文化知识没有主动涉及。在讲解过程中，教师大多只是单纯为了完成教授课本自身的词汇和句型等语言知识点内容的任务，而不是为了丰富文化知识，教师主动补充丰富中国文化知识讲解的能动性不足。

表 3-2-1　中小学英语课堂中国文化知识讲解次数统计表

次数	频数	频率
0~1 次	21 节课	70%
2~3 次	9 节课	30%
4 次及以上	0 节课	0%

(二) 地域文化教学能力有待提高

在调查中发现中小学英语教师的地域文化教学能力存在很多不足，对于地域文化的内涵很多教师表示不太了解，同时教师自身的地域文化英语表达水平也是差强人意。

当被问到“您对自己文化教学能力的满意程度”，51.77%的被调查教师对自己的能力非常满意或比较满意，表示不太满意或很不满意的教师占 18.44%，表示一般满意的教师占 29.79%。但是对于能否用英语介绍自己的当地文化，只有 23.41%的教师被调查教师表示能够详细介绍，27.66%的教师表示能一般介绍，只能简单介绍的教师占到了 42.55%，还有 6.38%的教师表示不能介绍。由此可见，虽然大部分教师对自己的文化教学能力满意，但是实际地域文化素养并不高。较低的地域文化素养会阻碍地域文化教学良好效果的达成，降低教学效果。教师的地域文化素养还需提高，需要加强地域文化知识和英语表达水平提升的学习和培训。

对于是否需要地域文化教学方面的培训和指导，53.19%的被调查教师表示非常需要地域文化教学培训，40.43%的被调查教师表示比较需要，表示一般需要的教师仅占 4.96%，表示不太需要或不需要的教师占 1.42%，详见表 3-2-2。由此可见，大部分教师都已经意识到自身的地域文化教学水平瓶颈，愿意通过培训学习等各种形式提高自身地域文化教学水平。

表 3-2-2　中小学英语教师地域文化教学培训需求调查表

选项	小计	比例
A.非常需要	75	53.19%
B.比较需要	57	40.43%
C.一般需要	7	4.96%
D.不太需要	2	1.42%
E.不需要	0	0%
本题有效填写人次	141	

（三）教学方式单一，教学方法有待改善

为了调查中小学英语教师课堂上的文化教学方式，研究组设置了 6 个不同的选项，具体如表 3-2-3 所示。其中选项 A、选项 B、选项 C 主要体现的是传统的文化教学方式，即学生提出问题教师回答，或教师根据教材内容引导学生学习；选项 D、选项 E、选项 F 主要体现的是个性化教学方式，侧重学生的自主学习能力和丰富多样的活动方式。请教师和学生分别对教学中常用的实施方式进行选择。

教师调查问卷中根据选择数量从高到低依次是：A、C、D、E、B、F，分别占比 85.82%、62.25%、56.74%、54.61%、38.30%和 0.71%；学生调查问卷中根据选择数量从高到低依次是：A、C、B、D、E、F，分别占比 78.69%、75.90%、55.58%、51.20%、50.80%和 0.60%，具体如表 3-2-3 所示。从调查结果中可以发现，教师问卷和学生问卷中选择最多的都是 A 项和 C 项，其中 B 项在学生问卷中排名第三，由此可见，教师的文化教学方式主要采用的是传统的教学方式，形式比较单一，对于学生的个性化需求重视不足。对于其他方式虽然有的教师和学

生选择，但是并没有指出具体的方式是什么，只填写的“无”，可见教师并没有形成令人印象深刻的独特教学方式。

表 3-2-3 中小学英语教师文化教学实施方式调查表

	教师问卷		学生问卷	
选项	小计	比例	小计	比例
A.主动引导学生学习文化知识和比较中西方文化异同	121	85.82%	395	78.69%
B.回答学生提出的文化困惑	54	38.30%	279	55.58%
C.在词汇教学、语法教学、阅读教学等过程中进行	92	65.25%	381	75.90%
D.给学生推荐文化阅读材料，布置与文化相关的信息搜索作业	80	56.74%	257	51.20%
E.通过角色扮演、讨论、演讲比赛等活动让学生参与其中，丰富文化知识	77	54.61%	255	50.8%
F.其他方式	1	0.71%	3	0.60%
本题有效填写人次	141		502	

另外，教师在英语教学中文化精神的渗透生硬机械化。相对于文化知识的涉及，文化精神的渗透同样非常重要，在课堂观察中发现几乎所有新授课教学都做到了文化精神的提炼和渗透，但渗透时机基本固定在情感升华环节，多出现在一节课的最后 5 分钟，形式多为图片（11 次）、短视频（5 次）

或谚语（2 次），给人以为完成教学环节而刻意安排的感觉；还有极少数新授课因为教学内容量多而忽略了文化精神的提炼和渗透，具体如图 3-2-1 所示。这表明英语课堂文化精神的渗透已经得到贯彻，但过于形式化、表面化、机械化。

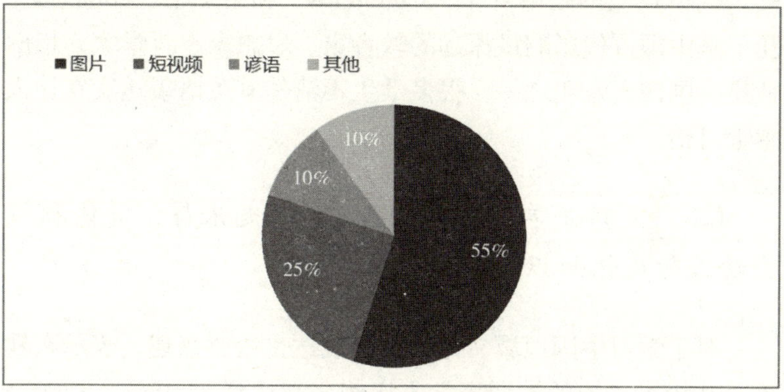

图 3-2-1　中小学英语课堂文化精神渗透形式统计图

三、学生方面

研究组通过对调查问卷的数据进行统计分析，发现当前中小学学生的文化现状具有以下几个主要特点。

（一）中国文化英语表达能力较弱

研究组对中小学生中国文化词汇的英译汉和汉译英能力进行了调查，为了照顾中小学生的整体情况，选择的中国文化词汇都是学生耳熟能详，相对比较简单的，绝大多数都是教材中出现过的。汉译英的五个词汇分别是：①黄河；②饺子；③陶瓷；④少林寺；⑤泰山。英译汉的五个词汇分别是：⑥Confucius；⑦compass；⑧Emperor；⑨chopsticks；⑩Tang Dynasty。经过调查发现，中小学生中国文化词汇汉译英的能力要低于英译汉的能力，这与学生的英语拼写能力有很大关系。汉译英中第4个“少林寺”和第5个“泰山”学生的正确率较低，主要是因为出现较多单词拼写错误，如“Temple”写成“Teple”等。英译汉中正确率较低的是第6个“Confucius”和第7个“compass”，孔子是中国古代影响最深远的教育家、思想家、哲学家，指南针是中国四大发明之一，很多学生不清楚其英语表达实在让人感觉可惜。

（二）大部分学生地域文化学习兴趣浓厚，并能积极主动进行文化知识学习

对于学习中国地域文化的英语表达是否感兴趣，表示兴趣浓厚和较有兴趣的被调查学生比例之和达到85.46%，12.35%的学生表示兴趣一般，只有2.19%的学生表示兴趣不大或不感兴趣，详见表3-2-4。由此可见，绝大多数学生愿意学习地域文化的英语表达。在与学生进行交谈的过程中，学生对学习自己家乡文化的英语表达更是表现出极大的兴趣，愿意学习相关的文化知识。

表 3-2-4　中小学生学习地域文化英语表达兴趣调查表

选项	小计	比例
A.兴趣浓厚	246	49%
B.较有兴趣	183	36.46%
C.兴趣一般	62	12.35%
D.兴趣不大	7	1.39%
E.不感兴趣	4	0.8%
本题有效填写人次	502	

在被问到“你在英语学习中遇到不熟悉的中国传统文化元素时会怎么做”，49.2%的被调查学生表示会查阅相关资料，接近一半；另有22.91%的学生表示会根据上下文猜测；26.1%的学生表示会向教师请教；只有1.79%的学生表示会跳过去不理睬。由此可见，学生遇到不熟悉的中国传统文化内容时会积极采取各种措施来解决问题，文化学习意识比较强，对文化知识的了解可以促进学生对英语教材的理解。在被问到“你会用学过的文化背景知识来理解英语材料吗”，27.09%的被调查学生表示总是会运用文化背景知识来理解英语材料，35.86%的学生表示经常会，总是或经常会运用背景文化知识来理解英语材料的学生达到62.95%，占大多数。另外，30.68%的学生表示一般情况下会用到，只有5.37%的学生表示很少用到，1%的学生表示从不运用文化背景知识来理解。由此可见，大部分学生会积极主动地运用所学文化知识来加深对英语材料的理解，意识到文化知识对语言学习的重要作用。

（三）大部分学生更加看中语言学习，对文化学习重要性认识不足

学生虽然普遍对文化学习感兴趣，但是与语言知识学习相比较，大部分学生还是从心底认为知识的学习更加重要。对于学习英语最重要的目的，64.02%的学生表示是为了提高自己的语言能力，占第一位；有14.31%的学生表示是为了了解西方文化，占第二位；占第三位和第四位的分别是为了通过考试、为了将来找工作，分别占8.75%、5.17%；选择为了与外国人交流传播中国文化的仅占3.97%，比选择为了通过考试的学生比例数低了4.78%；具体详见表3-2-5所示。由此可见，学生更加看中学习语言的直接目的即提高语言能力或

通过语言考试，对于语言深层次的交流目的和文化传播的目的关注不足。

表 3-2-5 中小学生英语学习目的调查表

选项	小计	比例
A.为了通过考试	44	8.75%
B.为了提高自己的语言能力	322	64.02%
C.为了与外国人交流传播中国文化	20	3.97%
D.为了了解西方文化	72	14.31%
E.为了将来找工作	26	5.17%
F.其他	19	3.78%
本题有效填写人次	503	

（四）学习途径单一，对中国地域文化英语表达接触不足

学生平时接触用英语表达中国地域文化的主要来源是什么呢？63.35%的被调查学生认为是英语课，排在第一位，由此可见，课堂是学生学习地域文化英语表达的首要和最主要来源。选择其他途径的学生比例普遍较少，排在第二位的电视、电影、广播，仅有 14.14%的学生选择；排在第三位的是书籍、报纸、杂志，选择人数 10.16%；排在第四位的是互联网，选择人数 7.77%；排在最后一位的是景区、博物馆、车站等公共场所，仅占 4.58%。具体详见表 3-2-6 所示。从调查结果可以看出，学生通过其他途径接触到地域文化英语表达的机会比较少，究其原因，一方面是学生在日常生活中对中国文化的英语表达关注不足，没有积极主动地通过多种途径学习了解中国文化

的英语表达；另一方面是各种媒介提供的地域文化英语表达资源较少，学生得到的有效信息量也比较少。由此造成学生地域文化英语表达的学习机会和实践机会较少，本土文化英语表达能力和跨文化交际能力较弱。

表 3-2-6　中小学生接触中国地域文化英语表达情况调查表

选项	小计	比例
A.英语课	318	63.35%
B.书籍、报纸、杂志	51	10.16%
C.电视、电影、广播	71	14.14%
D.互联网	39	7.77%
E.景区、博物馆、车站等公共场所	23	4.58%
本题有效填写人次	502	

另外，当被问到“你认为英语学习中遇到的中国传统文化的信息”和“你认为英语考试中涉及中国传统文化的内容”如何时，认为英语学习中和英语考试中遇到中国传统文化信息非常多或比较多的被调查学生分别占到了76.29%和68.53%，由此可见，大多数学生认为英语学习和英语考试中遇到的中国传统文化内容较多。这与前面教师对此的认知偏差较大，通过教师问卷得知，46.81%的教师认为考试中中国传统文化的比重比较小，11.35%的教师认为比重非常小，教师普遍认为考试中中国传统文化的内容较少。学生关于考试中中国传统文化内容比重的认知也与研究组前面对英语教材、英语课堂的调查和观察结果是有出入的，英语学习和考试中真正遇到中国传统文化内容是比较少的。造成学生对中国传统文化信息含量认知偏差的原因可能有：①学生对目前英语学习中中国传统文化的内容含量比较满意；②潜意识中认为学习中国传统文化不是英语学习

的主要目的，不应涉及过多；③部分授课教师有意识地加强对中国传统文化的英语表达教学。

第三节　中小学英语地域文化教学现状的成因剖析

在调查分析中小学英语教学地域文化教学现状中存在的问题的基础上，剖析造成中小学英语地域文化教学现状中诸多问题的原因，主要包含以下几个方面。

一、文化目标“模糊化”

《义务教育英语课程标准（2022 年版）》重视学生核心素养能力的提升，核心素养的培养包括语言能力、文化意识、思维品质、学习能力四个方面。与《义务教育英语课程标准（2011 年版）》相比，对文化意识的关注度更高。随着国家提出树立文化自信，提高文化软实力等政策，对文化的重视到了前所未有的地步。通过对英语教学目标、最新版课程标准的理解以及课堂文化授课情况等的教师访谈和课堂观察，可以看出教师已经普遍意识到文化教学的必要性，在教案撰写、教学设计中会设置文化教学目标，但是由于受传统教学理念和教学模式的束缚，教师的实际课堂教学转变还没有跟上最新版课程标准的要求。在实际授课中因为各种主客观因素仍旧会忽视文化教学，文化目标达成度低，如有的教师已经习惯全部传授语言知识，因此虽然在教案中写了文化目标，但是在实际授课中仍然没有具体的文化知识拓展。还有的教师只是在导入部分或者总结部分偶尔提及文化知识，并没有与语言知识相结合。有的教师讲授了相关背景文化知识，但并没有注重提高学生的文化意识，建构文化之间的联系。

语言是由语篇组成的，学习和使用语言离不开各种类型的语篇，语篇承载了表达主题的语言知识和文化知识，语言学习活动应该是围绕语篇主题开展有意义的活动。语言与文化之间有着千丝万缕的联系，密不可分，学习语言必须理解相关的文化知识。然而实际教学中，一些教师过度重视课本语言知识点的讲解，如词汇知识和语法规则等的练习，忽视语篇教学和文化知识教学，导致学生长期在习题中寻求英语学习的灵感，师生都忽视了英语学习的最终目的是交流，而有意义的沟通和交流是建立在文化理解的基础上的。表3-3-1 调查了中小学英语教师认为英语教学的目的是什么，选择 D 选项的老师最多，占到了 70.21%，选择 A、B、C 三个选项的教师占到了 17.03%，超过了选择 E 选项的 12.76%。由此可见，虽然大多数教师意识到英语教学中不能单纯只学习语言知识，也应该注重文化知识的培养，但是仅仅看中语言知识教授的教师还大有人在，并且超过注重交际能力培养的教师数量。教师普遍对英语学习的文化交流目标重视不足，更加看中直观的知识学习，对语言背后的文化传递、文化交流作用与目的存在有所忽视。

表 3-3-1　英语教学目的教师调查表

选项	小计	比例
A.掌握单词、语法、句子	3	2.13%
B.提高学生的应试能力	6	4.26%
C.培养学生听、说、读、写的基本技能	15	10.64%
D.掌握语言知识与文化知识，培养学生综合素质	99	70.21%
E.了解中西方文化，提高跨文化交际能力	18	12.76%
本题有效填写人次	141	

二、文化理解"肤浅化"

"英语教学是工具性与人文性的统一"这一观点虽然早就被中小学英语教师所熟知，但对人文性的本质和内涵仍缺乏清晰准确的认知，工具性与人文性的界限不清。受访教师中有4位将文化教学简单地理解成中英文化的对比，认为英语的双重属性就是要求教师在教授单词和句型的同时，加大文化对比的教学。这样的观点导致一些教师的文化教学仅限于文化表面的对比，而忽略了进一步引导学生去探究理解文化差异背后的深层次原因和价值导向。

所有受访教师都认为，重视英语文化教学对于中小学英语课堂来说是有必要的。但有关原因的阐述，两位教师认为，学生只有充分理解了文化差异才能正确地运用所学的英语词汇和句型，进行准确的英语表达；三位教师认为，学生了解英美等英语语言国家的文化可以提高他们的学习兴趣，提升他们的学习效果。这表明当前一些英语教师重视西方文化的输入，对于中国文化的英语输出认识还不足，没有真正意识到学习英语对于提高学生跨文化交际能力、宣传传播中国文化、树立中国特色文化自信的重要作用。此外，教师和学生对中国文化英语教学内涵的理解还停留在表层，没有认识到文化教学的深刻内涵是对学生思想意识、行为习惯、价值观念等的培养和渗透，是对文化多元性、生命尊严价值的维护和关爱，对学生全面发展理想人格的肯定和塑造。

三、文化知识"缺失化"

在谈到自己印象深刻的英语国家的文化习俗时，10位受访教师谈得最多、最顺畅的是在中小学英语课本中反复出现的内容，如有关圣诞节、感恩节等的节日文化习俗，汉堡薯条、刀叉等西餐饮食文化习俗，以及伦敦塔、自由女神像等英美代表建筑，关于课外文化内容涉及几乎没有。在让受访教师用英语谈论自己的当地文化时，有 5 位教师说了 1~3 句，有 3 位教师说了 3~5 句，只有 2 位教师说的超过 5 句，且每位教师都是用的比较简短的句子。这表明有些中小学英语教师自身人文知识储备不足。而关于是否愿意与学生在课堂上交流自己了解的文化知识，10 位受访教师都回复课本上出现的一定会提到，但是拓展的多与少因为没有硬性规定，一般不会说很多。对于讲解较少的原因，教师表示第一是因为课堂时间紧张，讲解时间不够；第二是怕自己拿不准，传递了错误信息；第三是觉得考试不太会涉及，讲了没什么用；第四是有的教师表示教授完课本内容就已经很疲惫了，没有心情和体力再去多说。由此可见，教师自身人文知识储备有限，限制了其在课堂上的发挥。受主客观条件制约，一些英语教师对英语人文知识的了解仅限于课本和教参，无法做到旁征博引，高谈阔论。

四、教学模式“机械化”

教学模式的简单机械也是造成目前中小学英语课堂中文化教学困境的主要原因之一。在课堂调查过程中发现，中小学英语教师在教学过程中的教学方法和教学手段趋于单一化，尤其是初中阶段。初中阶段的英语授课主要是教师讲授，学生记笔记，背诵做题，教学模式以教师讲授、学生被动接受为主。小学阶段角色对话、情景模拟等活动比初中明显更多，但是这类活动主要是课文的简单复述，学生难以从中体验到具体语境交际中的文化障碍和文化需要。由此造成学生的口语表达能力明显低于读写能力，对于考试涉及文化有关的阅读和写作相对擅长，对于进行中国文化的英语口头介绍能力较差。

长期以来，中小学英语教学侧重按照教学大纲对教学内容进行统筹规划，教学进度也是依据教学大纲安排。在这样的教学模式下，教师紧扣教材安排每节课的教学内容，对于课文之外的中国文化尤其是地方传统文化涉及少。因此，一些教师忽略了英语语言与地方传统文化的结合，缺乏地域文化的英语教学和训练，地域文化类的词汇极少提及。当研究组要求学生用英语描述当地的特色文化时，绝大多数学生都无法用英语来描述当地的特色文化，地域文化表达能力弱，亟待提高。

五、评价方式“单一化”

评价方式的单一化首先体现在评价以考试为主要手段，甚至是唯一手段，考试是衡量学生学习效果和教师教学水平的最主要评价标准。目前中小学尤其是初中英语教学的评价以考试为主要手段，附加其他评价方式，如课堂互动表现、作业反馈等。目前新版课程标准重视文化意识的培养，提出新的教学目标和评价理念，但是改革并非一蹴而就，落实到实践教学中还需要教育者转变教学理念，转变教学方法。当前对教师的管理考核机制仍然聚焦在学生的成绩上。

评价方式的单一化还体现在考试形式的单一和考试内容的单一上。目前中小学考试形式主要包括听力部分和笔试部分，对于学生的口语表达缺少相应的评价。考试内容集中在语言知识考查上，如单词、短语、语法、句法等，较少涉及文化背景知识和文化交际场景。有些教师注重应考内容的讲解，忽视学生综合运用语言能力的培养。近几年英语考试中尤其是初中高年级听力、阅读、写作这部分比重在提高，这一部分内容背后需要文化来支撑，对阅读速度和文化理解有了较高的要求，但是很多文章虽然主题与文化有关，但是考查的并不是对背景文化的熟悉能力。因此，由于授课时间有限以及教师关注语言知识点的传统习惯等，一些教师忽视阅读写作背景知识的讲解，重在讲解阅读写作技巧以及培养根据上下文猜测单词的能力以提高学生的应试技巧。

从调查中可知，目前考卷中涉及文化知识的内容明显增加，尤其是初三、初四阶段英语试卷的阅读题大量增加，阅读写作占成绩比重达到 50%左右，话题触及节日、名胜古迹、历史故事、饮食等文化知识，对文化背景知识的要求提高，同时阅读量明显增加，对阅读速度也有了较高要求。一些学生进入初三后表现出明显的不适应，卷面成绩也呈现出较明显的下降趋势，说明在小学和初一、初二阶段，教师并没有帮助学生打下良好的文化基础。评价内容的改变让教师和学生意识到文化教学的重要性，但是落实到实际教学中还需要有具体的教学方法和策略相对应，只有这样才能真正实现语言目标和文化目标的统一，达成双语学习的真正目的。

第四节　中小学英语地域文化教学困境的解决途径

对于如何改善英语教育中的中国文化教学尤其是地域文化教学，研究组对中小学英语教师展开了问卷调查。从表 3-4-1 可以看出，A、B、C、E4 种措施的选择人数超过了 50%，D 选项的选择人数也达到了 42.55%，由此可见，5 种措施都比较得到教师的认可。其中提高教师文化素养和文化授课能力被排到了第一位，选择能将语言教学和中外文化结合在一起的教材排在了第二位，可见教师对于提高自身素质和教材更新优化要求比较迫切。基于教师的真实需求和中小学英语教学的调查，研究组提出以下解决地域文化教学困境的优化策略。

表 3-4-1　中国文化英语教学改善措施教师调查表

选项	小计	比例
A.提高教师文化素养和文化授课能力	107	75.89%
B.改革测试方式和中考选拔方式，将中国文化英语表达能力纳入英语考核指标	82	58.16%
C.选择能将语言教学和中外文化结合在一起的教材	97	68.79%
D.利用图表、思维导图等帮助学生理解文化	60	42.55%
E.举办各种主题活动，提高学生学习兴趣	86	60.99%
F.其他	1	0.71%
本题有效填写人次	141	

一、优化教学理念，提高教师地域文化教学素养

通过课堂观察和教师访谈可以发现，教师是导致当前中小学英语地域文化教学困境的关键因素。因此，要提高中小学生的地域文化素养要从教师的教学理念和自身文化素养的优化与提升入手。

（一）转变教学理念，认识地域文化教学的重要性

教学理念正确与否将直接影响到教师课堂教学活动的设计和教学行为。因此，中小学英语教师应该抛弃英语工具性的传统理念，深入研究领会地域文化的概念和内涵，认识到地域文化英语表达教学对中小学生了解当地文化、传播当地文化的重要作用，以及地域文化传播对地区经济发展、社会影响力提高的重要性和必要性。只有思想认识上切实重视，才能将地域文化教学体现和落实到自己的教学设计和教学行为上，真正提高地域文化的教学效果。

（二）加强业务学习，提升自身地域文化素养

当前多数中小学英语教师自己所接受的教育是相对传统的英语工具性教学，因此，英语听、说、读、写的专业技能水平毋庸置疑，但受时代限制及自身兴趣爱好的影响，有关中西方文化素养尤其是当地地域文化素养的水平还有待提高。教师应加强自身学习和知识积累，通过阅读相关书籍、聆听讲座、参加文化教育教学培训等方式提高自己的文化知识储备和文化教学能力；还可以通过观看学习大量有深度的中英文人文影视资料以及与同事交流分享深刻感悟领会文化精神。

（三）树立文化榜样，提升学生的人文体验

课堂上教师要通过自己的言行举止对学生进行人文素养的熏陶，帮助学生全面成长，引领学生在用英语做事的过程中学会做人，最终提升学生人文素养。英语教师在教学过程中必须树立高度的文化自觉和坚定的文化自信，为学生树立健康积极

的文化榜样，教师对中国文化的积极认可和坚强自信会潜移默化地影响学生，帮助学生正确看待英语学习。

二、优化教材内容，拓展教材地域文化涉及面

中小学英语教学中，教材是教师教授知识、学生习得语言的重要依据。针对当前中小学英语教材中国传统文化比重较小，地域文化教学缺失的现状，可以从以下方面进行优化。

（一）增加教材地域文化内容，构建文化教学内容体系

目前的中小学英语教学中涉及中国文化的内容基本都是对中国文化的整体介绍，如饮食、节日、瓷器、茶叶、名著等，对地方特色文化的介绍比较少，如某个地区的特色饮食、特色节日、地方特产、地方非物质文化遗产等。因此，中小学英语教材可以适当增加地域文化教学内容比重，引导学生思考当地特色文化。如在涉及饮食的单元中，可以增加地方特色美食介绍，让学生谈论表达当地的特色美食；涉及茶叶的单元中，也可以让学生介绍当地的特色茶叶，如山东日照绿茶、青岛崂山绿茶，加深对中国茶文化的了解。可以在单元主题的基础上设置专门的文化拓展栏目，拓展地域特色文化，增加特色文化词汇的学习，提高学生的地域文化英语词汇量和表达能力。

（二）提升教材配套资料中的地域文化资源

除了英语教科书外，与教科书配套使用的配套练习册、教师参考书、教学影像资料等也与师生的教学紧密相关。中国幅员辽阔，地域文化众多，仅靠教科书并不能涉及太多的内容，

因此，教材相关的配套学习资料中丰富地域文化内容是一个很好的选择。教师参考书中可以增加教材课文文化背景知识的拓展内容，教学影像资料中可以增加有关文化的相关视听资源，这样可以有效丰富教师的教学内容，拓展教师的文化知识面，也可以减轻教师的文化教学备课压力，避免教师花费大量时间自己查阅资料，提高教师的文化教学积极性。在练习册中增加地域文化考核题目，可以引起学生对地域文化的重视，提高学习地域文化英语表达的积极性和主动性，发挥导向棒的引领作用。

（三）开发本土地域文化特色英语教材

各个地区的地域文化具有不同的特点，因此，可以区域为单位开发本土的地域文化特色双语教材。通过本土地域文化教材，弥补英语教材中对当地地域文化涉及不足的缺陷。如山东可以在鲁教版英语教材中适当增加齐鲁文化的内容，提高学生对齐鲁文化的表达能力。使用人教版和外研版等全国统一教材的地区可以编写出版与通用英语教材配套的地域文化阅读分层材料，帮助学生在了解当地文化知识的同时拓展学生的英语知识面，提高学生的英语阅读水平。本土地域文化英语教材的开发可以深化学生对家乡文化的认识，提升学生对家乡文化的热爱，在提高学生家乡文化的英语表达能力的同时增强学生对地方文化服务的能力。

三、优化评价体系，加强测评指标的地域文化引导

考试与评价是师生教与学的指向标，对教学发挥着重要的引导作用。优化中小学英语评价体系，深化中国传统文化的考核，体现英语教学的人文目标是地域文化教学优化的重要

措施。

（一）明确英语的文化测评目标

英语是工具性和人文性的统一，英语的测评不仅应该能检测学生的英语语言知识水平，而且应该包括对学生英语人文水平的检测。在国家大环境和新版课程标准的具体要求下，目前英语考试改革的大方向是强化英语课程的育人导向，考试内容主题上会更加紧密联系学生生活、学生经验和社会实际，重点考查学生的价值观、文化意识、思维能力以及综合运用英语解决问题的能力。英语文化测评目标的确定可以发挥重要的教学引导作用，有效提高教师和学生对文化的重视程度，提高英语课堂中文化教学的实施比例。

（二）采用灵活多样的考核方式

当前绝大多数学校对英语考核的形式仍以书面考试为主，但人文知识、人文精神和人文素养不是仅靠书写就能界定水平高低的。因此，当今中小学英语教学尤其是小学英语教学应该采取灵活多样的考核方式，如朗读、表演等，改变当前单一的书面考试形式，只有这样才能更真实深入地体现英语学科的人文素养。从考试主题来说，应该立足真实问题情境和真实任务，设置综合性、开放性和探究性的任务，语言、文化相结合，输入、输出相结合。同时教师也应该调整自己的教学思路，优化自己的教学方法，重视语篇教学、文化意识的培养。

（三）测试中增加地域文化内容的考核

在传统的书面测试中可以适当增加地域文化的考核内容，

提升阅读、写作的文化考核作用，改变过度考查语言能力，忽视文化能力的现象。如阅读题中可以增加与地域文化有关的阅读材料，写作题中可以让学生介绍当地的特色文化，提高学生地域文化的英语材料阅读能力和英语表达能力。在听力测试中增加与地域文化有关的对话材料，从外国人看中国、向外国人介绍家乡等角度设置相关话题，提高学生英语语言的实际应用能力。在调查中发现，目前的英语考试中听力、阅读、写作部分的比重在提高，尤其是中考对英语阅读能力和写作水平的要求比较高，发挥了比较好的文化导向作用。这几种考核题型内容背后都需要文化来支撑，对语言水平和文化理解提出了更高的要求。

四、优化教学设计，彰显英语教学人文属性

优秀的教学设计可以激发学生学习兴趣，有效提高教学效果。中小学地域文化教学效果的提升需要教师重视教学设计，设计生动有趣的地域文化教学案例，彰显地域文化的精神价值，促进学生地域文化英语水平的提升。优秀的中小学英语地域文化人文性教学设计可以从以下几个方面入手。

（一）认真研读教学内容，深挖人文价值

当前使用比较普遍的中小学英语教科书在设计编排时已关注到了人文性元素的渗透，但还需要教师在备课过程中更深入地发现和提炼其人文内容和人文价值。如鲁教版小学英语教材五年级课本多次出现风筝的图片，教师在教授单词的同时，可以向学生展示潍坊风筝节活动，播放风筝制作的视频，渗透风筝是我国古老民间艺术的代表，是我国传统文化代表之一的人文价值。

（二）选择有效教学方法，内化人文精神

正确有效的教学方法可以达到事半功倍的教学效果，弥补有限的课堂时间对英语教学人文性践行的限制，进而最大限度地内化学生人文素养的培养。中小学英语课堂人文性教学常见的有效教学方法包括：开放式问答、头脑风暴、小组合作、角色扮演等。学生在活动中对相关主题的人文价值进行深入挖掘和切身体会，感悟人文精神，提升自身人文素养。

（三）采用丰富多样的评价方式，体现人文精神

英语作为一门融工具性和人文性为一体的学科，课堂评价方式不能单一地用考试成绩来评价学生的学习，更应坚持以人为本、以学生为主体的教学理念，重视对学生的过程性评价。评价方式应丰富多样，以学生的年龄特点为依据，从提高学生的学习积极性出发，落脚到提升学生的综合能力和人文素养上。

（四）举办人文体验活动，深化人文实践

英语作为一门交际性语言，最终要回归到应用和实践中，其人文性也必然需要在实践中得以深化。教师需要举办多种多样的人文体验活动，如角色扮演、情景对话、游学考察、手工体验等，让学生通过自己的切实人文体验行为达到提升人文素养的目的。

（五）跟踪测评学习效果，考察人文表现

教师和学校可以通过问卷星设计调查问卷，了解学生思想

认知方面的变化趋势；通过各种云平台记录作业情况，掌握语言文化学习进展；通过翻转课堂、微课堂等展示教学效果，考查学生语言文化表达能力。根据调查结果和实时课堂观察，随时调整优化教学策略，提高教学效果。

除此之外，创设充满人文性的管理方式、营造愉悦的课堂氛围也有助于英语课堂学生核心素养和人文精神的培养。轻松愉悦的课堂氛围有助于增进学生的安全感，更好地促进自信乐观、友爱宽容等积极情感的培养，从而提高学生的学习兴趣和学习效果，又能帮助学生提升人文精神和人文素养。课堂上教师轻松愉悦的情绪是课堂氛围的主导，自然得体、适度的肢体语言和规范正确的口头表达都会潜移默化地影响学生，从而优化学生的人文体验感，提升学生的人文素养。

第四章　齐鲁文化与中小学英语教学的融合

西周伊始，随着齐、鲁两国的建立，齐鲁文化不断发展壮大，鲁国文化和齐国文化经过几千年的积淀、交流和发展，逐渐有机地融合在一起，形成了具有丰富历史内涵的齐鲁文化。齐鲁文化是中国传统文化的重要基因之一，作为齐鲁文化核心的儒学思想对中国影响深远，滋养和哺育了历代中华子民的文化精神世界，对中华文明作出了独特贡献。改革开放之后，中国与世界的联系加深，齐鲁地区地处沿海，气候宜人，对外交流日益增多，逐渐形成了政府和民间多元传播的格局。

第一节　齐鲁文化的内涵价值及其当代传承

在山东省中小学英语教学中渗透齐鲁文化，挖掘齐鲁文化内涵价值，引导中小学生深入了解自己的家乡地域文化，感受齐鲁文化的深厚底蕴和历史积淀，提高中小学生家乡地域文化的英语表达能力，向世界各国人民宣传讲解齐鲁文化可以培养中小学生乐观积极的人生态度，传承和发扬齐鲁文化，加深齐鲁文化的世界传播力和影响力，同时对山东省的经济发展起到积极的推进作用。

一、齐鲁文化名人

自古以来，齐鲁大地人杰地灵，孕育了一代又一代的名人和英雄，齐鲁文化值得我们后世子孙代代相传。结合现行山东省中小学英语课本内容——山科版中小学英语课本，现将齐鲁大地的名人录整理如下。

表 4-1-1　齐鲁文化各时期名人录

时期	名人
先秦时期	姜太公、管仲、晏婴、孔子、孟子、扁鹊、墨子、孙子、鲁班、孙膑、庄子、荀子
秦汉时期	徐福、东方朔、孔融、刘祯、王粲
三国魏晋南北朝	诸葛亮、王羲之、贾思勰
隋唐五代宋元	展子虔、颜真卿、李清照、辛弃疾、张择端
明清	罗贯中、戚继光、王士祯（王渔洋）、蒲松龄、赵执信、孔尚任、王懿荣
现当代	季羡林（学者、教育家）、郭永怀（“两弹一星”功勋奖章获得者）、“中国核能之父”卢鹤绂、丁肇中（物理学家）；文学家臧克家、杨朔、莫言；音乐家谷建芬；书法家欧阳中石；美术家韩美林；革命先烈邓恩铭；抗美援朝英雄朱彦夫；党的好干部焦裕禄、孔繁森

二、齐鲁文化典型地理标志和代表性物产

齐鲁大地地域辽阔，地理特征多样，自然景观优美、物产丰饶；同时历史悠久，人文历史资源丰富。16 个地市各有自己的独特地理标志和代表性物产，这些宝贵的资源都可以融入中小学英语教学，成为家乡文化的典型代表。结合现行中小学

英语课本内容，现将齐鲁 16 个地市的典型地理标志与物产整理如下。

表 4-1-2 齐鲁各地市典型地标与物产统计表

地市	典型地标	代表性物产
淄博	淄川蒲松龄故居、博山开元溶洞、桓台马踏湖、周村古商城（旱码头）、临淄殉马坑和古车博物馆、潭溪山、鲁山和原山森林公园	博山酥锅和硬炸肉、马踏湖白莲藕、周村烧饼和丝绸、淄川西河煎饼、淄博烧烤、淄博陶瓷琉璃、五音戏、鲁中内画
济南	泉城广场、千佛山、趵突泉、李清照故居、大明湖	章丘铁锅和大葱、济南把子肉和甜沫、平阴玫瑰、鲁绣
泰安	泰山	泰山煎饼、肥城桃
青岛	奥帆中心、五四广场、栈桥、八大关、崂山、影视基地	青岛啤酒和各类海鲜、崂山绿茶
烟台	黄海明珠、古炮台、月亮湾、昆嵛山、蓬莱阁、养马岛	烟台苹果、大樱桃、梨，张裕葡萄酒，烟台焖子和海产
济宁	“运河之都孔孟之乡”、孔府孔庙孔林、微山湖、水泊梁山	甏肉干饭、金乡大蒜、微山湖松花蛋
菏泽	“中国牡丹之都” “武术之乡”、水浒好汉城	牡丹、单县羊肉汤
临沂	地下大峡谷、孟良崮景区	红嫂精神、临沂煎饼
东营	孙武故里、“中国最美湿地”	利津水煎包、东方对虾、齐鲁口大闸蟹
潍坊	“世界风筝之都”、十笏园、云门山、风筝博物馆、诸城恐龙国家地质公园	风筝、木版年画、核雕
威海	刘公岛、荣成大天鹅自然保护区、长岛	各类海产
德州	齐鲁故道、古桑树群	德州扒鸡、乐陵小枣

续表

地市	典型地标	代表性物产
滨州	“渤海之滨，齐鲁之洲”、孙武古城	沾化冬枣、吕剧发源地
聊城	“江北水城，运河之都”、京杭大运河遗址、东昌府水城、临清古城	东阿阿胶、东昌府羊汤
日照	东方太阳城、水上运动之都	日照绿茶和海鲜
枣庄	天下第一庄台儿庄古城、微山湖	马铃薯、峄城石榴

三、齐鲁文化的时代价值

齐鲁大地历史悠久，人杰地灵，孕育了丰富的精神内涵，其中很多价值理念对当今时代发展仍具有积极的推动作用，值得继承和发扬，详见表 4-1-3。

表 4-1-3　齐鲁文化的时代价值分类表

自强不息的刚健精神	以孔孟为代表的儒家、以墨子为代表的墨家和以孙子为代表的兵家都提倡积极入世、自强不息
崇尚气节的爱国精神	春秋战国时期，孔子曰“三军可夺帅也，匹夫不可夺志也”；孟子云“富贵不能淫，贫贱不能移，威武不能屈”。戚继光、左宝贵、辛弃疾等齐鲁诸子用行动弘扬和践行了这一伟大的爱国精神
大公无私的群体精神	墨家强调“兴天下之利，除天下之害”，孔子提出“天下为公”的大同社会理想，这些都与共同富裕和我们共产主义的远大理想有极高的契合度
勤勉智慧的创新精神	管仲改革以及孔子在儒学、孙子在兵学的思想文化革新，匠祖鲁班、农圣贾思勰、医学家扁鹊等在自己领域的创新精神都符合当今对创新意识培养的时代要求
孝为善首的孝道精神	二十四孝故事中的孝感动天、戏彩娱亲、啮指痛心、百里负米、芦衣顺母、鹿乳奉亲、卖身葬父、行佣供母、闻雷泣墓、卧冰求鲤都源自齐鲁大地，成为中华民族孝文化中不可或缺的重要组成部分

第二节 中小学英语教学与齐鲁文化的融合现状调查

一、现行英语教材与齐鲁文化的融合状况——以鲁教版英语教材为例

山东省内现行小学英语课本有三套：鲁教山东科学技术出版社（三年级起点）、人民教育出版社（三年级起点）、外语教学与研究出版社（三年级起点）。其中，鲁教山科版是山东省自己设计编排的课本，更贴合山东省的特色。

省内现行中学英语课本有人教版、鲁教版和仁爱版，其中人教版和鲁教版内容基本相同，只是章节编排顺序不一样。鲁教版（五四制）和人教版与仁爱版相比，内容更加贴近学生、贴近生活、贴近时代，更富有思想文化内涵；语言更加地道、鲜活；教学活动更加丰富、真实、有趣，更富有思维性和交际性；教材结构和布局更加合理，层次更加分明，更能体现语言学习的过程性和渐进性。此外，教材版式设计和插图更加清爽、美观，能够吸引学生的注意力，激发学习兴趣，促进语言学习。因此，本章以鲁教版教材为例进行中小学英语与齐鲁文化相融合的研究。

（一）小学英语教材中中国文化的内容梳理

小学英语鲁教版教材共六册，以话题单元的形式编写，涵盖了小学生日常生活起居、家庭、校园生活、友情等多个话题；内容生活有趣，通过 Liming、Danny 和 Jenny 等角色展开

故事，配有大量的图画，难度适中，符合小学生的生活学习。现将本套教材中所出现的中国文化元素梳理如下。

表 4-2-1　小学英语教材中国文化元素统计表

单元	主题	中国文化元素
三年级上册 Unit 1	Greetings	五星红旗、长城、上海东方明珠
Unit 2	Introduction	乒乓球
Unit 3	Family	中国农民（爷爷）形象：草帽、锄头；老奶奶中式服装打扮，黑头发
Unit 4	Body	中国特色的老虎头饰
Unit 5	Classroom	“百兽之王”老虎
Unit 6	Colour	风筝、五星红旗、熊猫书包、京剧脸谱
Review		汉字：“119 火警电话”“幸福路”“新来电”“为希望小学捐赠”
三年级下册 Unit 1	Food and Drinks	中式餐桌椅、筷子、米饭等
Unit 2	Clothes	风筝
Unit 3	Animals	熊猫、老虎、剪纸
Unit 6	Time	有北京、悉尼、伦敦、渥太华时间的四个表盘
Review		鞭炮、福字、汉字“招领处”
四年级上册 Unit 1	School life	中式凉亭、汉字、剪纸
Unit 2	Hobbies	二胡、太极拳、剪纸、茶壶茶杯、新疆舞、熊猫、老虎
Unit 3	Days of the Week	剪纸、二胡、新疆舞及民族服饰、阿凡提的故事
Unit 4	Seasons	风筝、中式多孔桥、梅花、菊花、燕子、柳树
Unit 5	Weather	中式凉亭、天安门、布达拉宫、海南天涯海角、上海外滩、新疆地域风情、哈尔滨
Unit 6	Family	牡丹国画，手拿锄头、头戴草帽的农民形象

续表

单元	主题	中国文化元素
Review		手拿锄头、头戴草帽的农民形象，风筝
四年级下册 Unit 1	Countries	长城、鸟巢、中国书法、二胡、武术、剪纸、京剧、大熊猫
Unit 2	Housework	中国家庭房屋布局
Unit 3	Restaurant	饺子、面条、西红柿汤、米饭、煎鱼、炒菜、中式餐馆、 牡丹装饰图、红灯笼、筷子
Unit 4	Weekend	中国爷爷奶奶的形象
Unit 6	Travel	泰山、少林寺、大连、海南岛、上海、东方明珠、北京故宫、陕西历史博物馆、南辕北辙的故事、古城墙、深圳、广州、天津
五年级上册 Unit 1	Teachers' Day	中国教师节、贺卡
Unit 2	Feelings	中式凉亭
Unit 3	Birthday	筷子、面条
Unit 5	Sports	乒乓球
Unit 6	Christmas	风筝
Unit 7	Spring Festival	窗花、红灯笼、年夜饭、筷子、饺子、烟花爆竹、拱手礼、唐装、对联、压岁钱、舞龙和赛龙舟、京剧、十二生肖及其传说故事
五年级下册 Unit 1	Winter Holidays	京剧、 海南游泳、 戏曲学校、泰山、天安门、三亚、年夜饭、窗花、红灯笼、 扭秧歌、 舞龙、 春节扮玩活动、风筝、花灯、猜灯谜、冰糖葫芦、年兽传说、对联、鞭炮
Unit 2	Good Behavior	大熊猫
Unit 4	Neighbourhood	太极拳、 二胡、中国象棋、京剧、中国功夫、凉亭

续表

单元	主题	中国文化元素
Unit 5	Country Life	绾着老式发髻和身穿中式服装的中国农村老太太，穿着围裙手拿瓢舀水喂鸡鸭；老爷爷穿着老式对襟上衣。乡村土路，青山绿水的农村生活
Unit 6	Plan for the Summer	中国国画

（二）初中英语教材中中国文化的内容梳理

初中英语教材内容难度及编排形式完全不同于小学教材。教材中图片大量减少，文字学习内容大篇幅增多，难度增大，且更注重对学生文化观、价值观的培养，更深层次地关注青少年成长中所遇到的人类共性话题，如环保、灾难、成长的烦恼等。经过对全套教材共 7 册 62 个单元所出现的中国文化元素的统计，结果如下。

表 4-2-2 鲁教版初中英语教材中国文化元素统计表

单元	主题	中国文化元素
六年级上册 Unit 2	What's this in English?	中国地图和风筝
Unit 3	What color is it?	风筝
六年级下册 Unit 2	My favorite subject is science.	长城及古代士兵的图片和英译名，汉字、唐诗、宋词、元曲
Unit 5	How do you get to school?	中国校车的图片；中国偏远山区孩子乘绳索过河上学的故事
Unit 7	Why do you like pandas?	大熊猫
Unit 8	I'm watching TV.	端午节的习俗介绍：粽子、赛龙舟；北京时间的图片

续表

单元	主题	中国文化元素
Unit 9	It's raining.	北京天坛、上海东方明珠、哈尔滨、南京、CCTV 的图片
七年级上册 Unit 1	What does he look like?	成龙的英文名字：Jackie Chan
Unit 2	I'd like some noodles.	中国人过生日的习俗介绍——长寿面，牛肉面、牛肉汤、西红柿鸡蛋汤、宫保鸡丁、麻婆豆腐的图片和英译名
Unit 5	Where did you go on vocation?	天安门广场、故宫、北京胡同、香港及黄果树瀑布的图片和英译名
七年级下册 Unit 1	Do you want to watch a game show?	花木兰的故事介绍
Unit 4	How do you make a banana milk shake?	月饼、饺子、粽子、面条、汤圆、云南米线、西红柿鸡蛋汤的图片和英译名
Unit 5	Can you come to my party?	西安的城市名
八年级上册 Unit 4	An old man tried to move the mountains.	愚公移山的故事介绍、女娲补天、后羿射日、孙悟空三打白骨精及大闹天宫的图片
Unit 5	What's the highest mountain in the world?	人类征服喜马拉雅山珠穆朗玛峰的故事；中国登山队 1960 年登顶的纪录；黄河、长江、明长城、八达岭的英译名和图片；中国人口和历史的简单介绍；成都大熊猫研究中心及大熊猫的具体介绍
Unit 7	Have you ever been to a museum?	通过参观杭州国家茶叶博物馆简单介绍了茶文化；长城、兵马俑、故宫、鸟巢的图片及英译名

续表

单元	主题	中国文化元素
Unit 8	I've had this bike for three years.	讲述了一个中国温州人的思乡情怀
八年级下册 Unit 1	When was he born?	叶诗文、李娜的名字；详细介绍了莫言的故事；名著《红高粱》《蛙》的图片
Unit 3	Where would you like to visit?	台湾、上海、昆明、香港、山东曲阜、北京长城、云南石林；北京烤鸭英译名；简单介绍了中国年轻人的梦想
Unit 5	I think that moon cakes are delicious!	春节、元宵节、端午节、龙舟、粽子、云南傣族泼水节英译名和图片；江西、北京、香港；详细讲述了嫦娥奔月的传说
Unit 7	I used to be afraid of the dark.	讲述了中国农村儿童 Li Wen 的成长经历
Unit 8	What are the shirts made of ?	通过对话形式介绍了中国杭州安溪茶叶的种植、采摘及传播；介绍了美国生活中处处有 made in China 的现象；中国潍坊风筝节的英译名和图片；孔明灯、剪纸、泥塑的图片和简要英文介绍
九年级全册 Unit1	When was it invented?	用短文形式介绍了中国的茶文化：神农尝茶、茶圣陆羽、《茶经》
Unit2	Teenagers should be allowed to choose their own clothes	简单介绍了中国人父母子女共同居住、相互照顾的生活理念；用山东青年 Liu Yu 的事例讲述了中国父母与孩子在成长中的代沟现象
Unit4	I like music that I can dance to	讲述了中国民族音乐艺术家阿炳的生平故事；二胡、《二泉映月》

续表

单元	主题	中国文化元素
Unit5	You're supposed to shake hands	用图片和简单的英文介绍了中国人使用筷子的禁忌：敲空碗、直立在碗中、指别人、先于长辈动筷
Unit8	We're trying to save the earth	简单提及了中国南方人喜欢吃鱼翅汤的事例

（三）中小学英语教材中中国文化融合存在的问题

经过对中小学英语教材中中国文化元素的梳理，课题组发现现行中小学英语教材与中国文化融合方面存在以下问题。

1.鲁教版中小学英语教材在中国文化渗透方面编排总体较好。中国文化元素的编排量较高，小学阶段几乎在每个单元的课本内容里都有涉及，尤其是在课本的隐形资料中体现较多。初中教材虽然没有在每个单元都出现，但全套书 62 个单元中有 27 个都明确融合了中国文化元素，并且还对典型的中国传统文化精华及名人进行了详细的讲述，如茶文化、嫦娥奔月等。

2.中国文化元素出现的类型比较集中，比较典型地反映了中国文化特色。主要分为以下几个大的类别：城市与地标类、饮食类、人物类、节日习俗类、传统技艺类和民间传说故事类。

3.中国文化元素虽较多，但山东本土齐鲁文化的特色元素较少。作为山东省自己设计开发的教材，鲁教版中小学英语教材并没有充分体现齐鲁文化的特色，在众多中国文化元素中更多的是关注整个中国文化的突出代表：北京、上海、京剧等，而本土文化的地域性特色欠缺。最具地方特色的齐鲁文化元素仅仅出现了泰山、潍坊风筝、曲阜等几个比较鲜明的文化代表。而齐鲁文化丰富多彩，地域特征鲜明，名人辈出，在课本内容所涉及的每个主题单元都能找到与之对应的地方文化代表，且在国内同类资源中影响较大。显然这套教材中所融合的齐鲁文化内容对于山东省的中小学英语学习来说是远远不够的，是需要继续补充和渗透的。

二、中小学英语教师齐鲁文化素养现状

在对中小学英语教材进行梳理后，就当前中小学英语教师的齐鲁文化素养现状，笔者通过网络平台进行了问卷调查。发出问卷 200 份，收回 200 份，有效率 100%。问卷由 7 个问题组成，分为 3 个方面：教师自身齐鲁文化素养的自我认定、对齐鲁文化融合英语教学的主观认识以及教师齐鲁文化素养自我学习提升的状况。通过对问卷的调查结果的梳理与分析，发现以下问题。

（一）多数教师的齐鲁文化素养偏低，急需提升

在教师齐鲁文化素养的自我认定调查中，研究组设计了两个问题：您认为中小学英语教师是否需要具备较高的齐鲁文化素养及您认为自己的齐鲁文化素养如何？第一个问题的统计结果显示所有参与调查的中小学英语教师都认为中小学英语教学需要教师具备较高的齐鲁文化素养，其中非常需要占 54%，需要占 46%。对自己齐鲁文化素养的认定统计结果显示：认为自己对齐鲁文化的了解只是一知半解的人居主体，占比高达 72%，自认精通的只有 2%，自认了解很多的占 26%。这个数据虽有中国人自谦的成分，但也说明，当前中小学英语教师齐鲁文化素养普遍偏低，急需提升。

表 4-2-3 中小学英语教师齐鲁文化素养需求和素养现状调查表

选项	人数	百分比	选项	人数	百分比
非常需要	108	54%	精通	4	2%
需要	92	46%	了解很多	52	26%
不需要	0	0%	一知半解	144	72%
不清楚	0	0%	完全不了解	0	0%
总计	200	100%	总计	200	100%

（二）教师已经普遍认识到齐鲁文化教学的重要性

关于中小学英语教师对齐鲁文化教学重要性的认识调查问题为：您认为齐鲁文化与中小学英语融合的重要性如何？经数据统计发现：认为非常重要的人数占 43.5%，认为重要的人数占 47.5%，显然肯定齐鲁文化重要性的人数（91.0%）占绝对优势；持消极或否定态度的人数仅占极少数，其中持不了解无所谓态度的占 7.5%，认为不重要的占 1.5%。由此可见，当前山东省中小学英语教师已经普遍认识到齐鲁文化英语教学的重要性，但是在实际教学中仍然受困于自身文化素养和教学时间限制等因素，并没有在教学中充分展开齐鲁文化的英语表达学习。

（三）中小学英语教师对提高自身齐鲁文化素养的学习兴趣不高

有关教师提高自身齐鲁文化素养的学习兴趣的调查问题为：您对齐鲁文化的学习是否感兴趣？通过数据统计分析发现：对齐鲁文化学习兴趣持积极态度的人占总人数的 56%，其中非常感兴趣的占 16%，比较感兴趣的占 40%；而消极和否定态度的持有人数达到了总人数的 44%，其中 35%的被调查者表示仅工作需要，兴趣不大，9%的被调查者直接表示完全没感觉。这说明很多中小学英语教师对提高自身齐鲁文化素养学习兴趣仍有待提升，齐鲁文化教学不应该是被迫进行的，而应该是积极主动进行的，这就要求教师需要真正意识到文化教学的重要性和必要性。对于为什么很多教师对齐鲁文化教学兴趣不大，研究组选择部分教师进行了访谈，教师普遍反映学校教学任务重，语言学习时间紧，没有时间开展文化教学。还有的教师表示已经习惯于自己多年的授课方法，不想再做改变。

（四）中小学英语教师对提高自身齐鲁文化素养的学习动力不足

有关中小学英语教师齐鲁文化学习动力的调查问题为：您平时学习齐鲁文化知识的原因是什么？数据统计结果显示：30%的被调查者是因为学校要求而被动接受，45%的被调查者表示是出于教学所需为提升教学质量。这表明中小学英语教师对齐鲁文化知识的学习大多是被动接受或出于教学需求的隐藏功利目的，真正因为自己喜欢的兴趣爱好为学习动力的人很少，仅占 14%，还有高达 11%的被调查者不明确自己的学习原因。可见当前中小学英语教师对齐鲁文化学习动力不足是导致中小学英语教师齐鲁文化素养整体水平偏低的主要原因。

表 4-2-4　学习齐鲁文化知识的原因调查表

选项	人数	百分比
兴趣爱好，自己喜欢	28	14%
学校要求，被动接受	60	30%
教学所需，提升自我	90	45%
不知道	22	11%
共计	200	100%

（五）齐鲁文化学习方式不够丰富，学习效果不佳

有关中小学教师齐鲁文化学习途径和学习效果的调查问题为：您平时提升自己齐鲁文化素养的方式是什么及您认为自己有关齐鲁文化的学习效果如何？经过数据统计发现：为了提高自己的齐鲁文化素养，各位中小学英语教师主要采取以自学为主的形式来提高自己，占 82%，参加集体研讨和专题讲座的，分别占 14%和 4%；但学习效果大多不好，只有 8%的人认为效果很好，36%的被调查者认为效果一般，42%的被调查者感觉效果并不好，还有 14%的教师认为学习效果不好确定。这说明当前中小学英语教师自我提升齐鲁文化素养的方式不够灵活多样，达不到预期学习效果。

表 4-2-5　齐鲁文化学习方式和学习效果调查表

选项	人数	百分比	选项	人数	百分比
自学	164	82%	很好	16	8%
集体研讨	28	14%	一般	72	36%
专题讲座	8	4%	不好	84	42%
继续教育	0	0%	不好确定	28	14%
总计	200	100%	总计	200	100%

（六）英语教学中齐鲁文化传承遇到的困难较多

有关中小学英语教学中融合齐鲁文化传承遇到的困难，研究组设计了单选题：您认为英语教学中传承齐鲁文化的首要困难是什么？根据统计结果，教师在英语教学和齐鲁文化融合过程中遇到的困难依次为：自己齐鲁文化知识储备不够（40%）；教学内容枯燥乏味（22.5%）；作业设计不够新颖灵活（19.5%）；授课方式单一，不够多样化（18%）。由此可见，当前中小学英语教学中融合齐鲁文化传承的困难较多，为教师和学生提供合适的齐鲁文化英语教学资源、生动形象化的教学内容、设计新颖灵活的作业形式、多样化的授课方式成为亟须解决的几大问题。

表 4-2-6　齐鲁文化素养提升困难调查表

选项	人数	百分比
自己齐鲁文化知识储备不够	80	40%
教学内容枯燥乏味	45	22.5%
作业设计不够新颖灵活	39	19.5%
授课方式单一，不够多样化	36	18%
总计	200	100%

三、中小学生齐鲁文化英语表达能力现状

中小学生对齐鲁文化的了解如何？他们的齐鲁文化英语表达能力如何？是否愿意学习用英语表达齐鲁文化？针对中小学英语教材中所编排设计的齐鲁文化元素，结合学生的实际学情，我们分别针对小学四、五年级学生和初中三、四年级学生设计了“中小学生齐鲁文化英语表达能力调查问卷”。问卷分

为两部分：一是调查中小学生齐鲁文化的英语表达水平；二是调查中小学生学习齐鲁文化英语表达的意愿。在任课教师与淄博师范高等专科学校实习学生的配合下共发出问卷 400 份，收回有效问卷 400 份，有效率 100%。通过数据统计与分析，发现中小学生齐鲁文化英语表达能力的现状存在以下问题。

（一）中小学生齐鲁文化英语表达能力总体偏低，对齐鲁文化的了解较少

针对中小学生齐鲁文化的表达能力，研究组采用了填空题的形式进行调查。考虑到小学生和初中生的知识水平不同，调查分为小学卷和初中卷，小学卷采用英译汉的形式，初中卷采用汉译英的形式，调查结果详见表 4-2-7。通过调查结果可以发现，教材出现过的内容如泰山、风筝等正确率较高，课本外常识内容如青岛啤酒、孔孟之乡、泉城济南正确率低。由此可见，学生齐鲁文化英语表达知识储备不足，对课外齐鲁文化英语表达的关注较少，究其原因有可能是齐鲁文化的英语学习没有引起学校、家长和社会的重视，教师课上拓展讲解少。

表 4-2-7 中小学生齐鲁文化英语表达能力统计表

小学卷（英译汉）			中学卷（汉译英）		
题目	正确人数	正确率	题目	正确人数	正确率
Mountain Tai	356	89%	泰山	368	92%
Wei Fang Kites	321	80.25%	潍坊风筝节	286	71.5%
Tsingtao Beer	203	50.75%	青岛啤酒	104	26%
Spring City 指山东哪个城市？	58	14.5%	孔孟之乡	85	21.25%
Confucius	61	15.25%	济南被称为泉城	69	17.25%
总人数：400	平均正确率：49.95%		总人数 400	平均正确率：45.6%	

（二）学生对学习用英语表达齐鲁文化认可度较高，学习兴趣浓厚

在有关用英语表达齐鲁文化的认可度和学习兴趣调查中，高达81%的被调查学生认为学习用英语表达齐鲁文化有很大用处（50.5%）或较大用处（30.5%），77.5%的被调查学生对学习用英语表达齐鲁文化兴趣浓厚（36.5%）或较有兴趣（41%）。这表明当前中小学生对学习齐鲁文化的英语表达认可度和兴趣度比较高，愿意学习用英语来表达自己的家乡文化。

但统计结果中不应忽视的是，还有8%的被调查学生认为学习齐鲁文化的英语表达用处一般，9.5%的学生认为用处不大，甚至1.5%的被调查学生认为没有用处。因此，部分学生对齐鲁文化重要性的认可度还有待提高。同样还有5.5%的学生没有太多兴趣（4.25%）或干脆没有兴趣（1.25%）学习用英语表达齐鲁文化。齐鲁文化作为中国传统文化的重要组成部分，其重要性已经是不言而喻，仍有部分学生认为用处不大或没有用处，由此可见，这部分学生对齐鲁文化的学习认知还需要加强，对传播中华文化的重要性认知仍需要提高。

总体而言，当前齐鲁文化传承与中小学英语教学的融合现状存在以下问题：学生对用英语表达齐鲁文化的认可度较高，学习兴趣浓厚，但当前英语表达能力有待提升。而现状的不足可以从教材和教师两方面找到原因：首先，当前英语教材中虽然编排设计的中国文化元素较多，但山东本土齐鲁文化的特色元素较少，没有充分体现齐鲁文化的特色。其次，教师自身地域文化的素养偏低，且自我学习的兴趣不高，学习效果欠佳；教学过程中

又受限于教学资源的缺乏、教学内容枯燥乏味、作业设计不够新颖灵活、授课方式单一等问题。针对当前存在的诸多问题和困难，研究组从提炼整合教学资源、改革课堂教学现状、提高师生课外学习兴趣等方面着手，对齐鲁文化传承与中小学英语教学的融合展开探究，以期为相关改革提供研究方向。

第三节　中小学英语教学与齐鲁文化的融合路径

一、拓展资源，提炼齐鲁文化

鲁教版英语教材中含有丰富的中国传统文化，自然也涉猎齐鲁文化板块。但是这些文化元素多是零散的、浅层的，大多是与课文主题同步的。教师课上一般在讲解知识要点时顺便点到即止地讲一点文化。教材是决定教学方法和手段能否实施的重要保障，因此，挖掘教材中中国传统文化，并进行中西方文化对比分析，是本课题需要解决的问题。通过梳理，我们选择经典的、有代表性的内容，由浅入深分层次编入。共整理了 15 个单元的对比案例，形成案例集，以便中小学英语教师系统地讲解。

表 4-3-1　第 1 单元对比案例

教学主题	Unit 1 Name culture：Chinese name & Western name	2 课时
教学目标	使学生了解中西方名字在构成和形式等方面的不同，帮助学生理解名字背后是长辈对孩子美好的祝愿和深深的爱。虽然中西方名字差异很大，但名字是每个人独特的称呼，是家人对孩子爱的表达	
中西对比	Chinese name	Western name
名字构成	姓氏+名字	一类是 First（given）name+ middle name+ family name（surname or last）教名+自取名+姓，通常只用名和姓，中间名一般不用或缩写，但在正式场合或公务签名时用全名 一类是 First（given）name+family name（surname or last）名+姓
常见名字	李华、王红、郭阳、王一波、刘晓华	头衔或称呼+姓：Miss Wang、Mr Smith、Dr Green
头衔和称呼	姓+头衔或称呼：王老师、刘师傅、丁处长、刘先生	
文化对比感受	不管中文名字还是英文名字，都承载着长辈对晚辈的希望和美好的祝愿，都应该受到同等的尊重。同时名字无法代表人的全部，美好的未来只有祝愿是不够的，还需要付出努力才能实现愿望。英语中不能用 Teacher ××来称呼自己的老师，因为 teacher 是职业而不是称呼用语	
拓展思考	1. 讲一讲自己名字的含义 2. 给自己取一个英文名字	学会接受不同，尊重差异

表 4-3-2　第 2 单元对比案例

教学主题	Unit 2 Color culture：Qilu tradition & Western tradition	2 课时
教学目标	使学生了解齐鲁文化和英语文化在颜色好恶上的不同，帮助学生理解颜色背后的文化内涵，在跨文化交际中正确理解和表达自我	
中西对比	Qilu tradition	Western tradition
典型代表	红色、黑色、白色	红色、黑色、白色
红色	代表吉祥如意、喜庆欢乐，如红灯笼、红嫁衣等	代表邪恶、恐惧、危险，如英语文化中的 dragon（龙）就是红色
白色	代表对逝去亲人的哀悼和敬意：白色孝服、小白花 代表阴险、狡诈	代表高雅纯洁：白色婚纱和套装 代表纯真无邪：white soul （纯洁的心灵）
黑色	代表正义无私：黑脸包公 代表庄重严肃：葬礼上的黑纱	代表死亡、灾难、悲伤、肃穆，如葬礼上的黑色着装
对比感受	不同民族对待颜色有自己的喜好和不同的寓意，这与各自的历史有密切关系，所以入乡随俗很重要，要学会正确表达自己的民族色彩和理解他人的色彩表达	
拓展思考	1.说一说自己最喜欢的颜色 2.讲一讲你身边颜色的故事	学会正确辨别不同文化所表达的色彩情感

表 4-3-3　第 3 单元对比案例

<table>
<tr><td>教学主题</td><td colspan="2">Unit 3 Building culture：Qilu traditional building & Western traditional building</td><td>2 课时</td></tr>
<tr><td>教学目标</td><td colspan="3">使学生了解齐鲁文化和英语文化在建筑方面的不同、传统建筑材料的不同和风格的不同，但都代表两种不同的智慧。通过传统建筑的对比，理解和感受齐鲁大地和英语国家的悠久历史风范</td></tr>
<tr><td>中西对比</td><td>Qilu building</td><td colspan="2">Western building</td></tr>
<tr><td>材质</td><td>传统建筑都是木质</td><td colspan="2">用石头作为早期的建筑材料</td></tr>
<tr><td>风格</td><td>讲究结构对称、布局水平空间的延伸，天人合一：四合院、飞檐斗拱的凉亭、园林</td><td colspan="2">讲究柱式建筑风格，侧重高度立体空间的拔高：古希腊神庙、哥特式建筑、比萨斜塔</td></tr>
<tr><td>现代民居</td><td>平房民居：整齐划一的联排红顶大瓦房+铝合金门窗+白色院墙
楼房民居：整齐划一的独栋二层、三层楼房或普通城市集体楼房</td><td colspan="2">郊区风格各异、间隔距离较大的独栋小别墅
城市内拥挤狭小、隐私空间较小的老式楼房建筑</td></tr>
<tr><td>对比感受</td><td colspan="3">齐鲁大地的传统建筑与英语文化里面的建筑从建筑材料和风格上都各有利弊，但都是那个时代的祖先智慧的结晶，都符合当时的历史条件，各有各的魅力。而现代科技的进步更让我们看到了中国人的智慧和力量，看到了我们的农村小院生活特有的闲适与安静</td></tr>
<tr><td>拓展思考</td><td>说一说你见过的印象深刻的建筑吧！想一想为什么木材会受到中国古人的喜欢</td><td colspan="2">每个时间段的人都有自己的智慧，都创造出了自己时代的伟大文化</td></tr>
</table>

表 4-3-4　第 4 单元对比案例

教学主题	Unit 4 Birthday Culture：Qilu tradition & Western tradition	2课时
教学目标	使学生了解齐鲁文化传统和英语文化传统对待生日的不同之处，庆祝形式和庆祝内容虽不同，但都表达了健康幸福的美好祝福	
中西对比	Qilu tradition	Western tradition
日期	更认可农历出生的日期和时间	以公历出生日期为准
象征性食物	长寿面、寿桃、生日祝福语(长命百岁等)	生日蛋糕 + 蜡烛 + 生日快乐歌 Birthday cake + candles + Happy birthday song
对比感受	随着时代的进步和文化的交融，中国人的生日文化也添加进了蛋糕、蜡烛、许愿等西方文化元素，但在生日的起源、生日日期方面还存在很大区别。共同之处都是对寿星健康幸福的美好祝愿	
拓展思考	说一说你自己的生日故事	想一想如何表达对妈妈的感激

表 4-3-5　第 5 单元对比案例

教学主题	Unit 5 Cooking culture：Qilu food & Western food	2 课时
教学目标	了解中西方饮食在餐具、习惯等方面的不同，筷子和刀叉是东西方两种最典型的餐具，代表着两种不同的智慧。饮食是人们的日常，它在一个国家的文化中有着特殊的地位，西方和东方有很大区别	
中西对比	Qilu food	Western food
餐具	筷子 chopsticks 勺子 spoon	刀叉 knives and forks
餐桌	圆桌或方桌（八仙桌）	长条桌子
吃饭习惯	围桌聚餐、同盘而食的合餐制	分盘而食、人各一份的分餐制
食物	浓油赤酱、色香味俱全、菜式各异的鲁菜：博山酥锅、硬炸肉等	做法简单，没有太多花样的快餐：汉堡、薯条、可乐等
对比感受	中国古语“民以食为天”。鲁菜作为八大菜系之一，在饮食文化中占有一席之地，而我们的博山菜更是鲁菜的杰出代表，所以在学习西方饮食文化的同时关注我们的家乡菜也同样重要。即使在儿童英语课本中（以鲁教版为例），在 6 册书，39 个单元中，几乎每一个单元均涉猎食物或吃饭的图片信息。因此，我们要了解“吃”的文化，就要先了解中国文化特征下的“吃”的历史	
拓展思考	中西方饮食还有哪些不同？	讲一讲你最喜欢的西方美食吧

表 4-3-6　第 6 单元对比案例

教学主题	Unit 6 Festivals Culture：Chinese Festivals & Western Festivals	2 课时
教学目标	了解中国文化和英语文化中节日代表春节和圣诞节的差异，节日起源、庆祝形式和庆祝内容虽不同，但都表达了对美好生活的期盼	
中西对比	Chinese Spring Festival	Western Christmas
起源	年兽的传说 Monster-Nian	圣诞老人的传说 Santa Clause
象征食物	饺子 Dumplings	火鸡 Turkey
庆祝方式	穿新衣、戴新帽、打扫卫生、走亲访友串门拜年、贴对联、剪窗花、给孩子压岁钱、燃放鞭炮和烟花	装饰圣诞树、唱圣诞赞歌、挂圣诞袜、互送礼物、圣诞老人给孩子送圣诞礼物、吃圣诞大餐 Christmas tree + gifts + family dinner
对比感受	随着经济全球一体化和科技的进步，中国人的春节氛围虽然有所冷清，但对广大中国人来说其仍然非常重要，是辞旧迎新的开始，是对未来的美好期盼	
拓展思考	说一说自己家的春节故事	你还知道哪些圣诞故事呢？

表 4-3-7　第 7 单元对比案例

教学主题	Unit 7 culture of Landmark：Shandong & West		2 课时
教学目标	使学生了解几个典型英语国家的地标和齐鲁大地的典型地标，提升学生的家乡自豪感		
中西对比	Shandong	West	
地标建筑	曲阜孔府孔庙、青岛五四广场、济南泉城广场、烟台黄海明珠	美国白宫、悉尼歌剧院、伦敦桥、印度泰姬陵	
建筑名称	Confucian Temple——Qufu May Fourth square——Qingdao Spring City-Square——Jinan The Pearl of the Yellow Sea——Yantai	White House——USA Sydney Theatre——Australia London Bridge——Great Britain Taj Mahal——India	
对比感受	地标建筑作为地域文化的一部分，也应该是语言学习的重要内容之一。我们在向往国外典型地标的同时更应该熟悉自己家乡的地标，而自己家乡的地标建筑更应该牢记于心，其既可以作为跨文化交流交际的重要内容，也是热爱家乡，为家乡自豪骄傲的情感表达		
拓展思考	说一说自己家乡的地标还有哪些，你最想去的国家是哪个		

表 4-3-8 第 8 单元对比案例

教学主题	Unit 8 Culture of Animals：Qilu & West	2 课时
教学目标	使学生了解齐鲁文化和英语文化对动物的好恶及其原因，能从民族象征的角度理解不同文化中动物的寓意	
中西对比	Shandong	West
喜欢的动物	龙、虎、孔雀、蝙蝠、喜鹊	绵羊、马、狮子 Sheep，Horse，lion
寓意	老虎——权威吉祥，威武雄壮：虎虎生威、生龙活虎、虎踞龙盘 龙——权势，高贵，龙的传人 蝙蝠——通“福”，福分，福气 孔雀——吉祥如意 喜鹊——好运气、吉祥：喜鹊叫，喜事到	Lion——勇敢，威严：the Lion King Sheep——温顺、听话：a lost sheep Horse——忠诚的好伙伴：dark horse
不喜欢的动物	狼、狐狸	喜鹊、龙、猫、山羊、鹅
原因	狐狸——奸诈狡猾：狐假虎威 狼——凶残、残忍：狼子野心	Cat——呆头呆脑、愚笨：like a cat on hot bricks（热锅上的蚂蚁） talkative——长舌妇
对比感受	对同一种动物，不同文化具有不同的理解，跨文化交际中应该注意到这些区别，准确用目的语的文化象征意义来表达，切忌盲目乱用	
拓展思考	你喜欢的动物还有哪些？在英语中它们仍受人们喜爱吗？	

表 4-3-9　第 9 单元对比案例

教学主题	Unit 9 Culture of flowers:Qilu & West	2 课时
教学目标	使学生了解中西方文化对花卉的好恶及其原因，能从民族象征的角度理解不同文化花卉的寓意	
中西对比	Shandong	West
喜欢的植物	梅、兰、竹、菊、牡丹 Peony，plum blossoms，orchid，bamboo and chrysanthemum	康乃馨、玫瑰、百合、郁金香 carnation，rose，lily，tulip
寓意	牡丹——富贵、荣华 梅兰竹菊——正直、坚贞的君子 红豆——相思、思念、牵挂	康乃馨——母爱、温馨 玫瑰——爱情、美艳 百合——纯洁、美貌：as fair as a lily 郁金香——幸运、慈善、博爱
花卉禁忌	看望病人和拜访朋友的时候不要送菊花，意义为别离，故不可随意送人	菊花、杜鹃花、石竹花和黄色的花不能送客人
原因	注重以花喻人，关注花木的内在气韵与人之精神品质的联系；源远流长的中华文明	注重以花代言，植物的外部特征与人之外貌的联系；古希腊、古罗马文化和西方宗教文化
对比感受	随着中外交流的日益增加，以花作为礼物越来越成为中国人生活中的一种时尚，但不同文化不同场合的花语是不一样的，在实际中必须特别注意，万不可闹出笑话	
拓展思考	你最喜欢的花是什么？你还知道哪些花语呢？	

表 4-3-10　第 10 单元对比案例

教学主题	Unit 10 Culture of traditional sports：Qilu & West		2 课时
教学目标	使学生了解齐鲁大地和英语国家的传统体育运动及其发源，培养学生对体育运动的广泛爱好和兴趣		
中西对比	Qilu	West	
传统运动代表	蹴鞠	滑雪	
起源	蹴鞠——起源于春秋战国时期齐国故都临淄的一种娱乐方式，是现代足球的起源	滑雪——起源于欧洲斯堪的纳维亚国家，是生产力落后时期的一种交通方式的演变	
运动精神	一种个体的娱乐性、技艺性、表演性的项目，体现了当时的文化主张：心宁、志逸、气平、体安、貌泰、言讷，缺乏竞争性和开放性	竞争性强，强调超越自然、超越极限。表现了更高、更快、更强的色彩。讲究自然性，要求动作舒展自然，对规则、场地和器材有严格的规定	
对比感受	体育运动的兴起和发展受当地历史、地理、风俗等条件制约。但不管什么运动，强身健体是最根本的目的。体育精神都是拼搏进取，有益于人的发展，所以运动是无国界的，我们应该去尝试更多的运动项目，培养广泛的运动兴趣		
拓展思考	你喜欢的体育运动有哪些？在英语国家它们仍受人们喜爱吗？		

表 4-3-11 第 11 单元对比案例

教学主题	Unit 11 Culture of theatre and drama：Qilu & West	2 课时
教学目标	学生了解齐鲁文化和英语文化在戏剧领域的典型代表和基本不同，学会接受和欣赏不同风格的艺术形式，培养广泛的艺术爱好	
中西对比	Shandong	West
戏剧代表	五音戏、山东吕剧（Shandong Opera）、鹧鸪戏等	歌剧（opera）；音乐剧（musical theatre）
起源	五音戏——山东省中部的济南、淄博及周边地区地方传统戏剧，国家级非物质文化遗产之一	歌剧（opera）——17 世纪，即 1600 年前后，出现在意大利佛罗伦萨，源自古希腊戏剧的剧场音乐
特点	舞台地点设置随意，可大可小；舞台演绎以虚拟为核心，写意性极强，舞台上只需要极其少量的道具	舞台要求比较高，上演在金碧辉煌的歌剧院。舞台使用大量的写实性装置道具和布景，追求舞台效果的豪华、绚丽和逼真
对比感受	五音戏和吕剧是齐鲁文化的瑰宝，而歌剧和音乐剧同样是英语国家的精粹，二者没有高低、好坏之分，是不同历史、风俗和人文价值观等的凝结和表现，都应该得到同样的欣赏和尊重	
拓展思考	你欣赏过五音戏或吕剧吗？尝试着去网上看一段歌剧或音乐剧，并谈谈感受	

表 4-3-12　第 12 单元对比案例

教学主题	Unit 12 Culture of Musical Instruments: Qilu & West	2 课时
教学目标	了解齐鲁文化和英语文化在传统乐器方面的典型代表和不同，同时学会接受和欣赏不同风格的艺术形式，培养广泛的艺术爱好	
中西对比	Shandong	West
乐器代表	唢呐、琵琶、古筝、二胡	钢琴、小提琴、架子鼓、大提琴
代表作品	二胡——《二泉映月》 唢呐——《百鸟朝凤》 琵琶——《十面埋伏》 古筝——《渔舟唱晚》	Violin——《A 小调小提琴协奏曲》 Violoncello——《天鹅》 Piano——《致爱丽丝》
特点	单音旋律、结构简单。高低音明显，音色独特，多不能演奏和声	乐器复杂,结构精细繁杂,高低中音较为平衡,多可以演奏和声,音色丰富,音域宽广,表现力强
对比感受	虽然中西方乐器的演奏方式、音色等各有不同，但都是用音乐表达内心真挚的情感。音乐作为艺术的重要组成部分，对我们的生活起着积极作用，用心去学习一种乐器是提高自我的好方式	
拓展思考	你喜欢什么乐器？尝试着欣赏下中西方乐器曲目，并谈谈感受	

表 4-3-13　第 13 单元对比案例

教学主题	Unit 13 Culture of folk entertainment：Qilu & West	2 课时
教学目标	使学生了解中西方文化的不同民俗活动，明确齐鲁文化中民俗活动的独特艺术魅力，增强家乡文化的自豪感	
中西对比	Qilu	West
典型代表	芯子、高跷、锣鼓	嘉年华
起源	芯子、高跷、锣鼓——起源于远古时期的祭祀活动，具体形式包括锣鼓类、秧歌类、车船轿类等	嘉年华（Carnival）是欧洲的一个传统的节日，前身是欧美“狂欢节”的英文音译，最早起源于古埃及，后来成为古罗马农神节的庆祝活动
场合	在山东淄博等地多半是正月十五闹元宵的独特庆祝活动	从传统节日逐渐成为包括大型游乐设施在内，辅以各种文化艺术活动形式的公众娱乐盛会
选材	根据演员多少有单人芯子、双人芯子、三人芯子、多人芯子等，表演以戏剧故事、民间传说为主要内容，如《西厢记》《吕布与貂蝉》《罗成卖绒线》《八仙过海》《贵妃醉酒》等，表演队伍四周有云彩灯，既展示了花灯，又起到保护芯子队伍安全的作用	嘉年华的举办除了固定的重要节日庆祝外，还可以根据现实需要以特定主题组织开展
对比感受	山东当地的高跷、芯子等民俗庆祝活动是中华文化中的独特庆祝方式，带有强烈的节日色彩。与英语国家中的嘉年华一样都创设了喜庆、欢乐的氛围，表达了人们内心深处对幸福和快乐的追求与向往	
拓展思考	你参加过元宵节扮玩活动吗？说一说你想参加的嘉年华是什么样子的	

表 4-13-14 第 14 单元对比案例

教学主题	Unit 14 Culture of wedding：Qilu & West	2 课时
教学目标	使学生了解中西方文化中婚礼习俗的不同，虽然形式不同，但都承载着父母和亲朋好友最真挚的祝福，明确齐鲁文化中婚礼习俗的独特魅力，增强家乡文化的自豪感	
中西对比	Shandong	West
典型代表	红嫁衣、红盖头、凤冠霞帔 红色长衫马褂	白色婚纱与黑色西装
主基调	红色——喜庆、吉祥、热闹 Everything new	白色——神圣、庄重、安静、隆重 Sth new，sth old，sth borrowed，sth blue
日期选择	择选良辰吉日，大多是在上午 11 点前举行完仪式	不是十分重视日期和时间
地点	自己家里或酒店	在教堂或者是环境好又较安静的户外举行
传统习俗	放鞭炮，迎新人，拜堂，入洞房闹洞房。给参加婚礼的亲朋好友分发喜糖、喜酒，招待喜宴用红枣、花生和栗子铺在新人床上或串成串缝在新人的新被子各角，寓意早生贵子	演奏婚礼进行曲，新娘父亲携新娘入场交于新郎，双方在牧师的指挥下宣读婚礼誓词，互换戒指，新娘抛手捧花，婚宴，新人一起切蛋糕，蜜月旅行
对比感受	虽然齐鲁文化和英语文化中婚礼的时间选择、新人的着装、婚礼习俗等各不相同，但婚礼作为每个人人生中非常重要的一环，都代表了新的人生阶段的开启，都承载了父母和亲朋好友最真挚的祝福。而且随着文化交融，齐鲁大地的婚礼也逐渐融入了更多的西方元素，但有些传统仍然不可改变，我们应该兼收并蓄地来看待婚礼上的传统与更新	
拓展思考	说一说你参加过的婚礼趣事；想一想你在影视作品里还看到了哪些西方婚礼的趣闻	

表 4-2-15　第 15 单元对比案例

教学主题	Unit 15 Culture of theatre and drama：Qilu & West	2 课时
教学目标	使学生明确齐鲁大地的著名旅游文化景点和其独特的魅力，比较并理解与英语文化的旅游差异，增强家乡文化的自豪感	
中西对比	Qilu	West
旅游资源	泰山、微山湖、青岛崂山、潍坊风筝节、奥帆中心、淄博潭溪山、鲁山、孔府孔庙等 16 个地市丰富的自然、人文景观	英国伦敦眼、伦敦桥、大本钟，美国白宫、黄石公园，印度泰姬陵等世界各地的自然、人文景观
典型特产	各地美食、手工艺品、文旅产品等	各地美食、手工艺品、文旅产品等
旅游活动	品尝美食、欣赏景色、游览博物馆	竞技冒险、追求刺激
旅游收获	关注景点承载的历史、文化、名人志士	关注自然和景观本身
对比感受	外面的世界那么美丽，自己家乡的美景毫不逊色。旅游是心灵感悟和身体感知的双向配合。不管是在国外还是在家乡，在用镜头记录旅行的同时，用心去体验才更印象深刻	
拓展思考	说一说你最近的出游经历；想一想你最想去的国外景点有哪些	

二、课堂沁润，渗透齐鲁文化

文化是语言的重要组成部分。在跨文化交际中，学习者对本土文化和目的语文化的理解同等重要。在梳理系统的齐鲁文化教学元素基础上，如何将齐鲁文化融入小学英语课堂是提升其传承和发扬的根本。依据中小学英语教学的规律和特点，经过多年的实践探索，研究组发现在英语课堂内实施渗透教学策略是将齐鲁文化与中小学英语教学融合最直接有效的途径。

（一）齐鲁文化课堂渗透的实施原则

在英语课堂教学中渗透齐鲁文化并非随意无目地渗透，应该遵循以下四个原则。

1.相关性原则。相关性指在渗透齐鲁文化的过程中，应该与中小学英语教材内容有关，以中小学英语教材内容为突破口，确定文化主题，渗透文化内容。在教材词汇教学、句型教学、语篇教学的过程中渗透齐鲁文化内容，寻找齐鲁文化与西方文化的横向、类属对比，找到差异和冲突之处，而非突发奇想、漫无边际地生拉硬拽，这样才能将英语教学与文化渗透有机结合在一起，避免增加教师和学生的负担。

2.以主流文化为中心的原则。每种文化都内容丰富、包罗万象，因此需要以主流文化为中心进行文化渗透，抓住重点。在中小学英语教学中，师生需要寻求文化之间的异同点，重点对不同点进行对比分析，避免文化交际中的误解，达成有效生活交际的文化教学目标。

3.系统性原则。任何一个民族的文化都是一个有机的整体，都有其内在逻辑性、条理性和核心价值所在，齐鲁文化也不例外。只有对齐鲁文化进行系统梳理，系统性、整体性地向学生讲解渗透齐鲁文化，才能帮助学生建立对齐鲁地域文化的整体认识。

4.适度性原则。在英语教学中渗透中国文化须符合英语课程教学的框架，英语教学是重点，不能为渗透齐鲁地域文化而淡化、削弱英语教学，文化的学习是为了更好地用英语表达、传播文化，提高学生的文化英语表达能力，而不是讲成历史课、地理课。本土文化渗透和英语语言教学二者相辅相成、相互促进，才能实现学生跨文化交际能力的提升。

（二）齐鲁文化课堂渗透的具体内容

在遵循渗透原则的基础上，齐鲁文化渗透教学的具体内容如下。

1.选择词汇教学作为渗透核心。词汇是语言的要素，是外语学习的重要组成部分，也是师生共同关注的核心点。齐鲁文化融合于英语教学中，词汇是渗透的首选。鉴于教材单元选词所限，在进行齐鲁文化渗透的时候，应尽量由所学单词展开，补充讲解词形或词义相同或相对的词。比如在讲“ confusion”这个词的时候，可以引出我们伟大的哲人 Confucius（孔子），以及 Mencius（孟子），顺带明确“–cius”这一后缀基本上只用于这两位哲人，而其余的如庄子、墨子、韩非子等基本为“汉语拼音 +zi”的翻译方式。还有节日“festival”一词，可以举行头脑风暴活动，学生分组联想不同文化的节日名称，如一组说出英美国家的节日名称，一组说出中国的传统节日名称，再一组说出山东省内各地的节日名称。在词汇渗透的基础上，随着学生年级的提高，教师可以逐渐在短语、句子、篇章教学中渗透齐鲁文化，提升学生的英语表达能力。

2.补充齐鲁文化英语表达材料。为了更好地讲述齐鲁文化，课堂内教师可以为学生补充反映齐鲁文化内容的英语材料，例如增加一些介绍齐鲁习俗、风景名胜、特色节日以及历史人物等的经典英译作品，以中小学英语教材中的单元主题或者课文内容为切入点，补充学生所熟知的齐鲁文化英语表达。引领学生进行举一反三式的学习，一方面可以让学生在中西文化之间进行对比、鉴赏和反思，另一方面也拉近了文化与学生的距离。当然，补充内容要典型，与所学内容相关，且为学生所熟知。这样学生不至于觉得补充材料突兀、牵强附会，从而失去兴趣。

3.加强英汉和汉英互译技能的教学。对于山东各地的学生来说，熟记齐鲁特色文化词汇的英文表达是提高学生齐鲁文化英语表达能力的重要途径。教师在举例阐释的时候，应有意识地多进行齐鲁文化方面的中英互译，多向学生介绍家乡文化的常用基本句型，例如“be known as”这一个结构就可以被用来介绍多个齐鲁地市，Jinan is known as the city of Springs；Heze is known as the hometown of peony。类似翻译技巧的学习都可以促使学生更好地理解和掌握英语语言知识和齐鲁文化英语表达方式，从而达到一举两得的效果。

4.建设齐鲁文化网络学习平台。网络具有便捷、自由、直观等特点，利用网络信息容量大的优势，借助整套课本的典型单元主题，为学生提供与教学内容相关的齐鲁文化背景资料或视频材料等，比如用英语介绍齐鲁民俗文化、播报山东新闻等内容的音视频短片，让学生自主学习、欣赏。

（三）齐鲁文化课堂渗透的实施要求

齐鲁文化在英语课堂渗透策略的实施要求教师除了具备高水平的英语语言素养外，还应具备较高的齐鲁文化素养：熟记基础的齐鲁文化知识，了解齐鲁各地市的地域文化代表，理解齐鲁文化的主流文化内涵等。只有教师自身具备了“一桶水”，才能在课堂上给予学生“一碗水”，才能实现有效的齐鲁文化的渗透，保证学生齐鲁地域文化英语表达能力的提高。

从现状调查来看，广大中小学英语教师学习提高齐鲁文化素养的需求和愿望强烈，但困难较多，严谨权威的齐鲁文化英语教材的缺失是主要困难之一。一本优秀的齐鲁文化英语教材，既可以解决英语教学中地方文化词汇不足、表达匮乏和表面意义误导等问题，又可以拓宽教师的齐鲁文化知识面，认识齐鲁文化的特色和底蕴。只有确保中小学教师有足够的地方文化认知能力，才能保证教师和学生更加热爱山东，热爱齐鲁文化，增强他们的地方文化服务能力。希望在山东外语学者和文化专家的共同努力下，早日实现这样一本优秀教材的出版。

三、课外拓展，体验齐鲁文化

文化学习的最好方式是体验。对于当今青少年来说，本土地域文化尤其是传统地域文化的深入学习跟英语文化的学习一样，不仅是文本知识的机械记忆，而且是学习者通过多种多样的实践活动来身临其境地体验、感受地域文化。只有身临其境地体验、感受，才能让中小学生领悟地域文化内涵，从内心深处激发起他们对地域文化的热爱，自发传承、发扬优秀地域文化。因此，齐鲁地域文化与中小学英语教学的融合不仅局限于课堂内的渗透，而且应延伸到课外的体验中。

（一）齐鲁文化课外体验的实施原则

齐鲁文化课外体验原则与课堂渗透原则有很多共同之处，

具体包括以下方面。

1.相关性原则。指在研学路线和资源的选择中，必须以中小学英语教学目标为选择依据。

2.价值性原则。地域文化传承历史久远、内容丰富多样，很多都对当今时代具有积极的影响，具有传承的时代价值，但是也有一些属于封建糟粕的内容。因此，学校在选择文化体验的时候应该有所筛选，积极向上的文化内容、优秀的传统文化、具有时代价值的文化才应该是中小学生浸润体验的主题。

3.适度性原则。在英语教学中让学生体验齐鲁地域文化须符合义务教育阶段英语教学的要求，突出文化感知和英语语言学习，不能只顾让学生体验齐鲁地域文化而忽略了体验过程中的英语表达锻炼。还是应该坚持将英语学习与齐鲁地域文化的体验融合在一起，在体验过程中巩固复习英语语言知识，实现二者的相互促进。

（二）齐鲁文化课外体验的具体内容

中小学校设计齐鲁文化的课外体验活动可以从以下几个方面入手。

1.设计形式多样的体验型家庭作业。将文化学习、文化体验延伸到课堂外，实现个性化的课堂外齐鲁文化的沉浸体验，这就要求教师在进行作业设计时，兼顾语言和文化学习的双重目标，引导学生自我完成语言知识的复习巩固和文化内涵的深层次体验。以初中学段为例，学习完介绍传统工艺的教学单元后，可以让学生实地欣赏齐鲁传统工艺，并描述其制作生产过程和工艺特色。学生可以在完成作业的过程中根据自己的个性需求查阅各种形式的资讯信息，作业提交形式不限，可以录制音频和视频，采用写作、唱跳、表演等各种形式。通过形式灵活的作业引导学生课下从视觉、听觉、文字等各方面发挥自己的特长和优势，自发完成单个个体对齐鲁文化相关主题的浸润式体验。

2.开展不同主题的第二课堂活动。第二课堂是课堂教学活动的延伸。教师可以针对学生学情，特别是高年级的学生，每学期为所教班级设计第二课堂活动，活动主题为一系列的“齐鲁文化英语说”，每学期可以选择 2~3 个主题，如“齐鲁名人英语说”“齐鲁节日英语说”“齐鲁风景英语说”“齐鲁风俗英语说”“齐鲁美食英语说”等。学生可以自愿分成 3~5 人小组，选择某一个题目进行讨论、查找资料，形成文字，最后进行形式灵活的小组汇报，如课堂演说或者话剧表演等都可以。第二课堂以学生为主体，以实践体验为主，以激发学生使用英语表达齐鲁文化为目的，更好地增强学生的主动学习意识，全方位地体验齐鲁文化，提升齐鲁文化英语综合表达能力。

（三）齐鲁文化课外体验实施的教师要求

齐鲁文化课外体验的实施要求教师不断提高自身专业素质和自我创新能力，能够结合学生的实际认知，不断开发设计新的文化体验活动形式。同时，还要花费大量的时间和精力提前做好课外实践体验的功课，实现每次家庭作业、每个主题活动、每次研学旅行都符合教学目标和课程目标，这样才能充分发挥素材承载的功能。另外，教师还要细心考虑到学生的特点，提高管理能力，确保学生在实践体验过程中的人身安全。

山东是中华文明的重要发祥地之一，齐鲁文化是中华文化一个最具代表性的符号。作为英语学习的基础阶段，中小学的英语教学不仅要重视学生英语学习思维与习惯的形成，而且要关注青少年文化价值观的培养和引导。在中小学英语教学中融入优秀齐鲁文化，既使文化传承有了更长远的希望，也使文化传承有了对外传播的基础。

第五章　黄河文化与中小学英语教学的融合

黄河文化是中华民族的精神象征，是一种文化符号、时代烙印、历史记忆。厘清黄河文化内涵、挖掘黄河文化时代价值，进而应用于教育教学中，是国家提高黄河文化传播能力的要求，提高中小学生对黄河的地域文化感知能力，培养中小学生运用英语讲好黄河文化的能力，对于传承黄河文化、延续历史文脉、提高文化认同、树立文化自信以及实现英语课程育人目标具有重要意义。

本章旨在针对中小学生这一特定群体，在分析黄河文化内涵的基础上，运用“文化图式”理论和“双文化图式”理论分析英语教学中黄河文化教育缺失的原因，提出中小学英语教学中构建黄河文化图式的有效策略，解决英语学习中信息负载的文化差异性，优化义务教育阶段英语教学，凸显英语课程对学生核心素养能力的培养。

第一节 黄河文化的内涵价值及其当代传承

黄河文化指黄河流域广大劳动人民在长期的社会实践过程中创造和总结形成的物质财富和精神财富的总和。黄河文化内涵丰富，包括一定的行为方式、社会规范、风俗习惯等，还包括思想观念、精神面貌、价值取向，以及由此达到的社会生产力水平等。从地理位置来说，黄河流域包括从源头巴颜喀拉山，流经的青海、四川、甘肃、宁夏、内蒙古、山西、陕西、河南、山东 9 个省份、自治区以及历史上黄河多次改道涉及的河北、天津、江苏等地区。由于特殊的地理环境，黄河文化在工业化之前，一直没有受到外来武力入侵，得以获得持续性、独立性的发展，形成了具有鲜明黄河流域地域特征的旱地农耕文化。黄河流域的中华儿女在几千年治理黄河、利用黄河、保护黄河的过程中产生了大量英雄人物和科学理念，经过历史长河的积淀形成了巨大的人文价值，经久不衰，对当今时代仍然具有强大的借鉴价值和指导意义。

一、黄河的流经区域

黄河流域西起巴颜喀拉山，东临渤海，南至秦岭，北抵阴山，全长约 5464 千米，流域面积约达 75.2 万平方千米。黄河流经 9 个省、自治区，33 个城市，4 种主要地形区。黄河流经的省和自治区有：青海省、四川省、甘肃省、宁夏回族自治区、内蒙古自治区、山西省、陕西省、河南省和山东省。黄河流经的主要城市有：兰州市，银川市、呼和浩特市、延安市、洛阳市、开封市、济南市、淄博市、东营市等。黄河流经的主要地形区有：青藏高原、内蒙古高原、黄土高原、华北平原等。

二、黄河流域的人类文化遗址

由于优越的自然条件和地理环境，在距今约300万年至1万年的旧石器时代，黄河两岸就出现了人类活动的踪迹。目前考古学家在我国发现旧石器时代文化遗址近2000处，其中黄河流域的文化遗址占到整个中国境内文化遗址的近一半，充分证明了黄河流域是中华民族和中华文化的重要发祥地和诞生地。其中比较有代表性的人类文化遗址有以下几个：(1) 半坡文化，主要文化特征是制陶，种植粟、芥菜、白菜等农作物，饲养羊、猪等家禽；(2) 老官台文化（大地湾文化），主要文化特征是使用磨制石器，种植粟类作物，养猪、狗等；(3) 裴李岗文化，主要文化特征是使用磨制石器，制作红陶，碗、钵、鼎等器具；(4) 磁山文化，主要文化特征是使用存储粮食的窖穴，石斧、石镰等农业工具，制作加工粮食的工具，会驯化家禽等；(5) 仰韶文化（彩陶文化），主要文化特征是掌握制陶技术，能制作彩陶，具有发达的农业，初步的缝纫和纺织技术；(6) 龙山文化（黑陶文化），主要文化特征是制作黑陶，饲养猪、狗、牛、羊等，使用石制工具，制作青铜器等。

三、黄河流域的建都朝代

黄河流域四季分明、平原众多，适合旱地农作物的种植，肥沃的旱地资源和广大的平原地形养育了众多的农耕部落，诞生了发达的农耕文明，成为我国古代开发最早、生产力最高的区域。因此，古代的大多数朝代都将代表政治、经济、文化中心的国都建址在黄河流域。历史上在黄河流域定都的主要王朝有夏朝、商朝、周朝、秦朝、汉朝、隋朝、唐朝、北宋等。黄河流域建都时间比较长、建都朝代比较多的城市有长安（今陕西省西安市）、洛阳（今河南省洛阳市）、东京（今河南省开封市）等。

四、黄河流域的风俗信仰

黄河流域的农耕文明发达，因此，民间信仰和民俗风情与农业、黄河紧密相关。黄河流域的主要民俗风情有：(1) 传统服饰方面，简单实用的布制衣服为主，色彩单一，适合农耕的短打衣服；(2) 传统饮食方面，以麻、黍、稷、麦、菽五谷制品为主，有豆腐、馒头、水饺、油糕、年糕等；(3) 日常家居方面，利用天然山体或土岭建造房屋，房屋呈半地穴式，如河南地坑院，山西、陕西窑洞等；(4) 日常出行方面，多乘骡或驴，使用木质独轮小车，"勒勒车"、牛车，羊皮筏子，木船等；(5) 民谣民歌方面，在劳动过程中形成黄河船工号子、抢险号子、土硪号子等。

五、历代治理黄河方略

黄河哺育过无数中华儿女，但是也因为经常决堤给沿岸百姓带来不少的灾难。数千年来，中华儿女在与黄河坚持不懈的斗争中积累了丰富的经验，逐渐形成了体系化的治河方略。这些治河方略是中华儿女历史的见证、智慧的结晶。历史上治理黄河的代表性人物有：(1) 大禹，主要采取疏导的治河策略，“高高下下，疏川导滞”；(2) 郑国，修建郑国渠，引泾河泥沙灌溉田地，淤田压碱；(3) 贾让，提出“治河三策”，上策顺河之性、搬迁百姓，中策开渠灌溉、分洪，下策修缮堤防；(4) 万恭、潘季驯，采用“筑堤束水，以水攻沙”“束水冲沙法”修建溢流坝等。

六、黄河文化的当代价值

黄河文化具有根源性、历时性、积累性和创新性的特征，是构筑中华民族精神家园的重要载体。如今重新审视黄河文化的内涵，挖掘黄河文化从历史走向现实、从传承走向发展的时代价值，有助于黄河文化理论研究和实践保护，有助于奠基中华民族伟大复兴的文化基础。黄河流域的中华儿女在几千年利用黄河、治理黄河、保护黄河的过程中形成了人与自然和谐统一的艰苦奋斗精神、开拓创新精神、科学求真精神、包容仁爱精神等。这些精神文化是我们的宝贵财富，对当今的教育教学、社会生活等都有着积极的意义，是中小学生应该传承和发扬的重要内容。

(一) 百折不挠、自强不息的奋斗文化

几千年来，黄河哺育了中华儿女，但是历史上黄河数次大决堤、黄河泛滥也给沿岸居民带来了深重的灾难。在与黄河的斗争中，中华儿女展现了自强不息、坚韧不拔、敢于拼搏的民族精神。大禹治水历经 13 年，三过家门而不入，坚持不懈、不屈不挠，水患治理终获成功。大禹治水精神是鼓舞黄河儿女

与洪水斗争的力量和希望。几千年的黄河治理和水利修建历史上涌现出无数的大禹式人物，还有很多的无名英雄，他们都凭借着自己的勤劳智慧、百折不挠，为生存而奋斗，做出了一定的成绩。这样的奋斗精神传承不衰，直至当今。

如今黄河流域的人们为保护黄河，恢复黄河生态继续发挥着艰苦奋斗的精神，建造黄河两岸天保工程（黄河流域天然林），建设国家公园和国家重点生态功能区，建设水利站。生物措施和工程措施相结合，水土流失逐年减少，黄河输沙量逐年减少，生态承载力日益增强，环境条件逐渐改善。相信凭着黄河流域人们的智慧和勤劳，黄河流域完全有能力提升经济实力，与长江流域并驾齐驱，共同繁荣。

（二）解放思想、革故鼎新的开拓文化

黄河之水九曲跌宕、奔腾不息，激发了中华民族的开拓精神，创造了璀璨的文明，是中华民族的母亲河、中华文明的摇篮。连接一个民族和社会的基本工具是语言文字，汉字的创造加深了社会内部的联系，起到了文化融合的重要作用。最早的契刻符号、最古老的汉字甲骨文、规范书写“小篆”“书同文”、统一的汉字文字体系、世界上第一部字典《说文解字》、活字印刷术、宋体字的发明使用等，汉字文明的每一次开拓创新都发生在黄河文化圈。汉字凝聚着中华民族的精神追求，使居住在不同区域、说着不同方言的人们可以借助统一的语言体系沟通思想、交流情感，促进了思想的解放、文明的进步。哲学思想、文学成就也耀眼夺目。

(三) 敬畏自然、尊重规律的科学文化

历史上，黄河的治理取得了巨大的成就，但是中华儿女从来不认为黄河这条桀骜不驯的古河能够被控制、被征服，黄河流域的古人们早就明白敬畏自然、利用自然、尊重自然的道理。大禹治水打破原来的“水来土掩”的治理方法，根据山脉地形，开沟挖渠，采用“因势利导”的疏导方法，历时 13 年最终获得成功。大禹治水展现了因势利导、以人为本、科学治水的精神，由此形成了因公忘私、民为邦本、科学创新等文化。

黄河流域的人们秉承“天人合一”“道法自然”的伦理价值观，养成崇尚和谐、顺应自然、因地制宜的优良品质。引水灌溉发展农业，按照节气、物候、气象安排农事活动，恪守“顺天应时”“得时之和”的农耕理念，衍生出“应时、取宜、守则、和谐”的农耕文化。为农耕活动服务的天文和历法也发展成熟，夏朝已经创立历法，商朝历法已经设置闰月，殷墟卜辞体现古人已会天象观测。周朝人们根据二十八星座设置二十八宿，并根据星座确定天体位置。东汉张衡发明浑天仪、地动仪，其中浑天仪涵盖了黄道赤道、北极南极、二十四节气、二十八星宿等内容，可以完整反映天象的变化。黄土高原的劳动人民利用当地高原地形、黄土层厚、地下水位低的自然特点，建造窑洞居住，冬暖夏凉，被称为绿色建筑。所有这些都体现了黄河儿女尊重自然、利用自然探索科学规律，进而造福人类的伟大精神。

（四）匠心独具、神领意造的创新文化

黄河流域的技术创新以水利、农业科技为核心，在其他方面也广泛涉猎。古代劳动人民运用自己的聪明智慧和团结奋斗创造了很多有名的水利工程，如战国时期的引漳十二渠，秦朝的秦渠、灵渠等。1949 年以后，建成了龙羊峡、刘家峡、三门峡水电站等水利工程，进一步提高了对黄河的利用和改造能力。农业科技方面的创新体现在作物种植、农具革新、灌溉技术等方面。农具方面战国开始使用铁农具，带翻土碎土装置的牛耕、曲辕犁，汉代出现耧车，明代发明利用轱辘和绳索牵引的代耕架等，有的农具直到现在还在使用。记录农学的著作如《氾胜之书》，记录了耕种的基本原则、播种日期选择、种子处理、作物栽培等知识。北魏孙思邈所著《齐民要术》记叙了黄河中下游地区的农业生产，涵盖农、林、牧、副、渔等产业的技术知识。灌溉工具方面，古人创造了翻车、水转翻车、风转翻车、筒车、高转筒车等技艺高超的发明，显示了黄河流域历代能工巧匠不断创新的精神文化。

除此之外，黄河流域的人们在陶瓷烧制、音乐舞蹈、绘画艺术、中医药学、几何算数、金属冶炼、城市建设等方面也取得了比较瞩目的成就。北宋科学家沈括通过《梦溪笔谈》记录了古代中国在工艺技术、自然科学等方面的成就，此著作被评为“中国科学史上的里程碑”。黄河流域创造了精美的红陶、彩陶、青铜器，以及龙门石窟、莫高窟等这样的艺术奇迹，汉代发明造纸术，制成浑天仪、候风地动仪，隋代创造印刷术，宋代发明活字印刷，指南针、火药也在 11 世纪之前就开始广泛使用。大雁塔、嵩岳寺塔、白马寺，以及秦始皇

陵、汉唐陵墓等充分展现了古代匠师高超的技术水平和艺术成就。

（五）海纳百川、有容乃大的包容性文化

黄河流域文化延绵数千年，生命力强，影响力广，是世界上发展时间最长、影响人口最多的文化体系。面对外来异质文化，黄河文化以其博大胸怀积极吸纳、融合精华，展现出强大的生命力，将不同地域的文化融为一体，形成了多元统一的文化体系。文明因交流而多彩，因互鉴而丰富，黄河文化在开放互通的过程中交流互鉴，既从其他民族的优秀文化中汲取养分，又扩大了自身文化的影响力。

第二节　中小学英语教学与黄河文化的融合现状调查

教师和学生是教与学的主要参与者，教材是师生实现教学的重要媒介，因此，要了解中小学英语教学中黄河文化的融入现状，需要从这三个方面展开调查研究。

本部分从教材、教师、学生三个方面调查分析了中小学英语教学中融入黄河文化的基本情况。教材方面以人教版现行中小学英语教材为调查文本，重点对教材中涉及的中外文化尤其是中国文化部分进行了分类整理，并对其中属于黄河文化的部分进行了单独梳理；教师方面重点对教师的文化素养尤其是黄河文化素养展开了调查；学生方面调查重点是中国传统文化以及黄河文化的英语表达能力。

一、现行英语教材与黄河文化的融合状况——以人教版英语教材为例

本部分调查了人教版(PEP)小学英语教材和人教版中学英语教材中含中外文化元素的情况。我国规定义务教育阶段从三年级开始学习英语，公立中小学绝大多数也都是从三年级开始学习英语。因此，本次调查小学阶段教材选用的是人教版(PEP)，此版本从三年级上册开始学习英语，符合大多数小学的实际教学情况。本次调查小学版本和初中版本都是按照单元进行统计，但是在具体的统计方法上有所不同。小学阶段所有包含文化元素的图片和单词都统计在内，因为考虑到小学阶段学生的词汇量有限，文化教学很多时候是通过图片渗透来实现的。初中阶段学生语言表达水平提高，对语言能力要求提高，因此主要是采用语篇统计，这也和初中教材编写特点以及新课标要求相符，学生主要通过语篇教学来学习英语，仅含有文化图片的单元没有统计在内。

（一）人教版小学英语教材中文化元素情况的统计

人教版（PEP）小学英语教材包括 3~6 年级，共 8 册书，含 46 个单元。从表 5-2-1 和表 5-2-2 可以发现，其中涉及西方文化的有 26 个单元，涉及中国文化的有 25 个单元，分别占总单元数的 56.5%和 54.3%。其中有的单元仅含有文化元素的配图，并没有相关英语表达词汇，将这部分单元排除在外的话，涉及西方文化和中国文化的都是 22 个单元，占总单元的 47.8%。

表 5-2-1　人教版（PEP）小学英语教材文化元素统计表

册数	单元	西方文化	中国文化
三年级上册 Unit1~6	Unit 1 Hello!	Mike、Sarah、John 等外国名	Wu Binbin、Chen Jie 等中文名
	Unit 3 Look at me!	小丑图	无
	Unit 4 We love animals	美国儿歌“*Old MacDonald*”	风筝;熊猫
	Unit 5 Let's eat!	面包、牛奶、蛋糕等西餐，西餐刀叉图	无
三年级下册 Unit1~6	Unit 1 Welcome back to school!	美国、英国、加拿大、澳大利亚国旗及代表建筑图	中国国旗和长城图
	Unit 3 At the zoo	无	熊猫
	Unit 6 How many?	无	风筝
四年级上册 Unit1~6	Unit 1 My classroom	蛋糕	风筝
	Unit 2 My schoolbag	图：英文故事书、魔方	熊猫；风筝
	Unit 3 My friends	可乐；图：圣诞老人，滑板，欧式城堡	拔萝卜故事
	Unit 5 Dinner's ready	刀叉、面包、牛奶、沙拉	筷子；碗
	Unit 6 Meet my family!	图、绿野仙踪、彼得兔	无
	Recycle 2	圣诞节、火鸡、图、圣诞树、圣诞老人、麋鹿、圣诞老人送礼物	无

续表

册数	单元	西方文化	中国文化
四年级下册 Unit1~6	Unit 2 What time is it?	世界地图；城市：伦敦、纽约、悉尼、巴西利亚；汉堡；愚人节	北京
	Unit 3 Weather	伦敦、莫斯科、纽约、悉尼、多伦多、新加坡等城市天气及所在国家，美国、英国、加拿大、澳大利亚的国旗	哈尔滨、北京、拉萨、香港、青岛、贵阳、昆明、大连、大理、上海、三亚等城市天气；中国地图；中国国旗图
	Unit 4 At the farm	刀叉；美国儿歌“Mary has a little lamb”	无
五年级上册 Unit1~6	Unit 3 What would you like?	西餐：三明治、面包、汉堡、沙拉	无
	Unit 4 What can you do?	芭蕾舞图；动画片形象图；做西餐；钢琴	功夫；琵琶；乒乓球；二胡
	Unit 5 There is a big bed	生日蛋糕图	国画图；功夫图
五年级下册 Unit1~6	Unit 1 My day?	西餐服务员图；芭蕾舞图；鲁滨孙漂流记	无
	Unit 2 My favorite season	油画图；圣诞节	无
	Unit 3 My school calendar	节日：母亲节、父亲节、美国感恩节、圣诞节图：火鸡、圣诞树、圣诞帽、圣诞糖果	节日：端午节、中秋节、国庆节；粽子图：月饼、国旗、长城、新疆葡萄沟、黄山
	Recycle 1	悉尼；悉尼歌剧院	乒乓球

续表

册数	单元	西方文化	中国文化
五年级下册 Unit1~6	Unit 4 When is the art show?	蛋糕图	中秋节、国庆节；月饼；汉字书法图；中国国旗图
	Unit 5 Whose dog is it?	无	图：迎客松、天坛、东方明珠；北京；上海
	Unit 6 Work quietly!	西班牙、美国	图：熊猫吃竹、丹顶鹤、武术
六年级上册 Unit1~6	Unit 1 How can I get there?	意大利餐厅；伦敦眼；炸鱼薯条店	北京；北海公园；故宫；天安门；指南针
	Unit 2 Ways to go to school	阿拉斯加、慕尼黑、德国、苏格兰等地学生上学方式；英国食物；双层巴士	中国高铁图、轮船图；江西学生上学方式；中国食物；筷子
	Unit 3 My weekend plan	无	中秋节；月饼；汉字书法
	Unit 4 I have a pen pal	澳大利亚；悉尼；考拉	中国功夫；中国食物；汉语；美猴王
	Unit 5 What does he do?	巫师	中国邮政
	Unit 6 How do you feel?	坏种子的故事	熊猫图
六年级下册 Unit1~4	Unit 3 Where did you go?	无	吐鲁番葡萄；羊肉串；天山；新疆；三亚；哈尔滨；嫦娥；玉兔；桂花树
	Unit 4 Then and now	无	唐朝街景图
总计 46 单元	体现中外文化元素共 32 单元	体现西方文化 26 单元（5 个单元仅有配图），占比 56.5%	体现中国文化 25 单元（4 个单元仅有配图），占比54.3%

（二）人教版初中英语教材中文化元素情况的统计

人教版初中英语教材包括 7~9 年级，共 5 册书，含 55 个单元，134 个语篇。涉及中外文化的单元有 26 个，占总单元数的 47.3%，涉及中外文化的语篇有 44 个，占总语篇数的 32.8%，其中涉及西方文化的语篇有 30 个，涉及中国文化的语篇有 18 个，分别占总语篇数的 22.4% 和 13.4%。另外还有涉及西方文化和中国文化的练习题各 2 个。详见表 5–2–2。

表 5–2–2　人教版初中英语教材文化元素统计表

册数	单元	西方文化	中国文化
七年级上册 Unit 1~9（共 18 个语篇）	Unit 1~9	无语篇	无语篇
七年级下册 Unit1~12（共 24 个语篇，西方文化 3 个语篇，中国文化 4 个语篇，共同语篇1个）	Unit 3 How do you get to school?	无语篇	短文：悬崖村孩子上学问题
	Unit 5 Why do you like pandas?	短文：拯救泰国大象	无语篇
	Unit 6 I'm watching TV	无语篇	短文：端午节
	Unit 7 It's raining	短文：加拿大和欧洲的暑假	无语篇
	Unit 10 I'd like some noodles	短文：生日食物（世界各国，英国）	对话：宫保鸡丁，麻婆豆腐 短文：生日食物（中国）

续表

册数	单元	西方文化	中国文化
八年级上册 Unit1~10（共20个语篇，西方文化6个语篇，1个练习题，中国文化1个语篇，2个练习题）	Unit 1 Where did you go on vacation?	短文：关于在马来西亚槟城的旅行经历	对话：贵州黄果树瀑布
	Unit 2 How often do you exercise?	对话：摇摆舞，钢琴课	无语篇
	Unit 4 What's the best movie theater?	选词填空题：格林伍德公园	无语篇
	Unit 5 Do you want to watch a game show?	短文：米老鼠等美国卡通形象	选词填空题：花木兰
	Unit 6 I'm going to study computer science.	对话：海明威，《老人与海》	无语篇
	Unit 8 How do you make a banana milk shake?	对话：俄国罗宋汤 短文：北美感恩节	选词填空题：云南米线
八年级下册 Unit1~10（共30个语篇，西方文化8个语篇，1个练习题，中国文化6个语篇，共同语篇1个）	Unit 1 What's the matter?	短文：亚伦–罗尔斯顿，美国登山家	无语篇
	Unit 5 What were you doing when the rainstorm came?	短文：马丁·路德·金，九一一事件	无语篇
	Unit 6 An old man tried to move the mountains.	短文：汉塞尔和格蕾特，小红帽 听力练习题：皇帝的新装	对话：愚公移山，后羿射日，女娲补天 短文：《西游记》孙悟空
	Unit 7 What's the highest mountain in the world?	无语篇	对话：长城 短文：珠穆朗玛峰 短文：成都大熊猫研究基地
	Unit 8 Have you read Treasure Island yet?	对话：小妇人，金银岛 短文：鲁滨孙漂流记 短文：美国乡村音乐	无语篇

续表

册数	单元	西方文化	中国文化
九年级全一册 Unit1~14 (共42个语篇，西方文化13个语篇，中国文化7个语篇，共同语篇1个)	Unit 9 Have you ever been to a museum?	短文：介绍美国计算机博物馆，国际厕所博物馆 短文：新加坡	短文：介绍杭州国家茶博物馆 词汇：兵马俑、长城、鸟巢、故宫
	Unit 2 I think that mooncakes are delicious!	词汇：泰国泼水节 短文：圣诞节的来历含义；万圣节	词汇：端午节、中国春节、元宵节 对话：云南傣族泼水节 短文：中秋节，嫦娥
	Unit 3 Could you please tell me where the restrooms are?	对话：厕所用词中英对比 短文：礼貌询问用语	无语篇
	Unit 5 What are the shirts made of?	无语篇	对话：茶的生产制造 短文：中国制造 词汇：潍坊风筝节 短文：孔明灯，剪纸，中国泥塑艺术
	Unit 6 When was it invented?	短文：篮球的发明	短文：茶的发现
	Unit 8 It must belong to Carla	短文：巨石阵	无语篇
	Unit 9 I like music that I can dance to.	短文：《功夫熊猫》《黑衣人》《蜘蛛侠》《泰坦尼克号》《帝企鹅日记》等电影	短文：中国民间二胡音乐，《二泉映月》
	Unit 10 You' re supposed to shake hands.	对话：不同国家的问候语 短文：哥伦比亚和瑞士的学生 短文：法国餐桌礼仪	无语篇
	Unit 12 Life is full of the unexpected.	短文：纽约，世贸大厦 短文：愚人节	无语篇

续表

册数	单元	西方文化	中国文化
九年级全一册 Unit1~14 (共 42 个语篇，西方文化 13 个语篇，中国文化 7 个语篇，共同语篇 1 个)	Unit 13 We're trying to save the earth!	短文：世界野生动物救援会，世界自然基金会 短文：关于环境保护措施(英国)	短文：关于环境保护措施(香港、上海)
总计：55 单元，134 语篇	共 26 个单元体现文化元素，占比 47.3%	西方文化：30 个语篇(含共同语篇 3 个)，占比 22.4%	中国文化：18 个语篇（含共同语篇 3 个)，占比 13.4%

（三）人教版英语教材中文化元素情况的评析

将人教版中小学英语教材中涉及的中国文化元素进行分析整理，通过下图 5-2-1 图式结构清晰呈现中国文化元素和属于黄河文化元素的内容，其中灰色方格标注的是黄河文化元素。图式结构中将人教版中小学英语教材中涉及的中国文化元素分为城市文化、地标文化、节日文化、饮食文化、体育艺术文化、故事文化六个方面。城市文化中包括北京、上海、香港等城市的天气、季节、景色、位置等，共 11 个；地标文化中包括长城、天安门、黄山等驰名中外的建筑、自然景观等，共 16 个；节日文化中包括春节、中秋节、端午节等中国传统节日的风俗习惯、来历等，共 7 个；饮食文化中包括宫保鸡丁、新疆羊肉串等中华美食和筷子、碗等中式餐具，共 11 个；体育艺术文化中包括风筝、国画、剪纸等中国传统艺术和功夫、

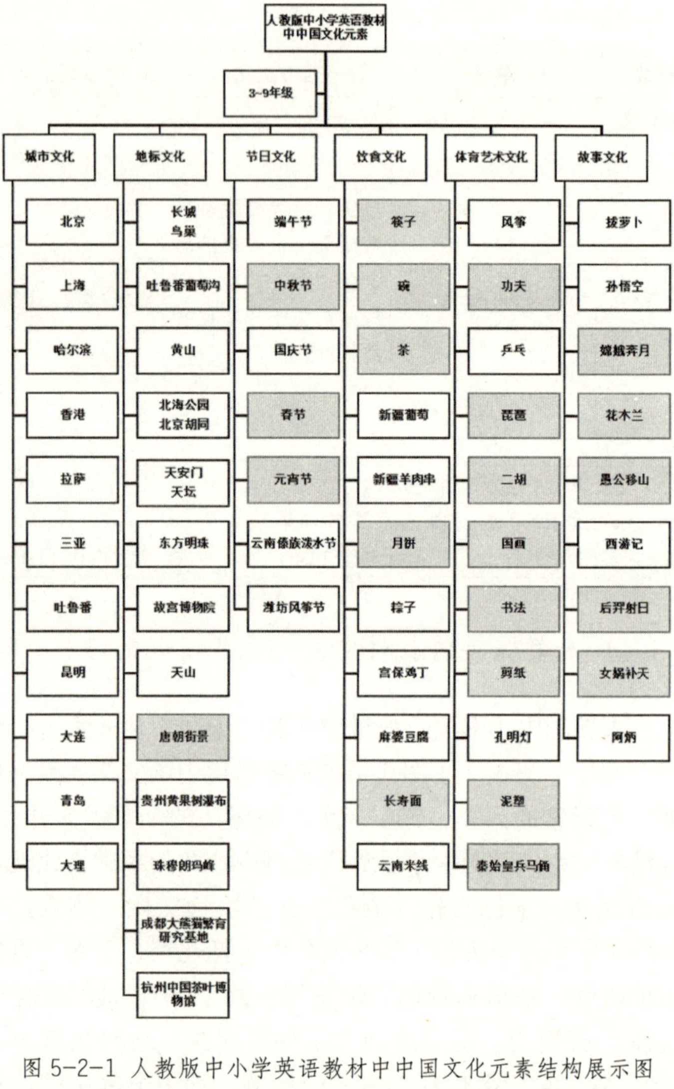

图 5-2-1 人教版中小学英语教材中中国文化元素结构展示图

乒乓等运动项目，共 11 个；故事文化主要包括愚公移山、后羿射日、拔萝卜等故事，共 9 个。为了表格制作的美观需要，将有的地标文化进行了合并。教材总共包含不同的文化元素

65 项，其中属于黄河文化的元素有 22 项，占 33.8%，主要集中在体育艺术文化和故事文化。

对人教版中小学英语教材文化元素基本情况进行调查后可以发现教材在地域文化传承方面还有很多不足，主要体现在以下几个方面。

1.中国文化元素少于西方文化元素，有待提高。从调查中可以发现，小学阶段出现中国文化的单元比涉及西方文化元素的单元少 1 个，差别不大。初中阶段，涉及中国文化元素的有 18 个语篇，涉及西方文化的有 30 个语篇，中国文化元素语篇比西方文化元素语篇少 12 个，差别明显。

2.黄河文化元素占比少，重要元素未被提及。从上面调查中可以得知属于黄河文化的元素仅占中国文化的 33.8%。调查中还可以看出黄河作为我们的母亲河，竟未被中小学英语教材提及。教材中提到的城市有十个以上，而黄河流域的城市同样一个未被提及，不得不说令人遗憾。从图 5-2-1 中可以看出，城市文化中涉及的城市都是北京、上海等一线大城市或热门旅游城市。遗憾的是具有厚重文化历史的城市如“十三朝古都”西安、“千年帝都”“九朝古都”洛阳、“八朝古都”开封、“六朝古都”“十朝都会”南京等城市未被提及。

3.文化元素重复现象严重，同样的内容反复提及，丰富性有待加强。如熊猫的词汇和相关图片在小学教材中出现 6 次以上，遍布 3 年级至 6 年级，到了初中阶段也是反复被提及。16个地标文化中有 7 个是位于北京市，占到了 43.8%，超过了 1/3。当然，熊猫作为我们的国宝，北京作为我们的首都，都非常重要，理应受到关注，但是重复次数明显太多，地域太集中。同样文化元素的反复造成教材资源的浪费，更重要的是降低了教材的人文丰富性，影响了学生人文素养的提高。

动物方面，龙作为中华民族的图腾，具有浓厚的精神象征，是中国优秀历史文化的传承和标志，是否应该被提及呢？金丝猴、金毛羚羊、白鳍豚等都和大熊猫一样是我国的珍稀动物，是否也应该受到关注呢？地标文化方面黄河流域的龙门石窟、鹳雀楼、泰山等非常具有文化代表性，其中泰山作为五岳之首，自秦始皇以来，先后有13位帝王登顶封禅或祭祀，承载着丰厚的历史文化内涵，可惜都没有被中小学英语教材提及。

4. 配图存在重复单一的现象，文化体现度有待增强。配图是教材展现文化、学生体验文化的重要媒介，然而人教版英语教材存在重复性强的现象。另外配图全部采用卡通图，几乎无实景配图，单一的卡通图造成与实际生活结合度低，地域文化体现度低，学生无法通过配图感知实际生活的相关主题，课文知识与实际生活脱离。如五年级下册 Unit 5 P48 Let's talk 部分，Chen Jie 和 Mike 谈论自己和朋友拍摄的照片，配图有六幅。有两幅图可以清晰地看出分别是北京的天坛和上海的东方明珠塔，但是另四幅图对于城市却表现得非常不明确，一幅图从迎客松猜测可能是黄山，其余三幅没法判定地点。城市不明确造成学生口语表达内容模糊，更是失去了一个很好的展现城市特色、地域文化的机会。

适当增加实景、地域文化特色的配图可以提高情境创设感，提高地域文化感知力，进而提高学生英语运用能力和英语表达能力。如五年级下册 Unit2 Let's learn（Page 18）部分，讲解了"Which season do you like best?"，配图全是卡通图，无法让学生感受到真实的季节变化和地方文化，模糊虚幻的鲜花、大海、水果也无法让学生感受到美感。第一幅图春天"go on a picnic"可以选择云南昆明春城的实景图，让学生欣赏昆明美丽多彩的鲜花。第二幅图夏天“go swimming”，可以选择任一海滨城市的景色，如山东青岛的海滨浴场。第三幅图秋天“pick apples”应该选择农民在苹果园摘苹果的开心景象，体现丰收的喜悦，也能让学生体验到苹果的生长环境。第四幅图冬天“make a snowman”可以选择冰城哈尔滨，人们在欣赏美丽冰雕的同时感受动手堆雪人的快乐。将文化融入图片中，这样的配图可以帮助学生更好地理解英语短语内容，并提高学生用英语描述实际生活场景的能力。

二、中小学英语教师黄河文化素养的现状

本书研究者对中小学英语教师对黄河文化的了解情况、英语表达能力以及教学意愿情况等进行了调查。从调查中可以发现，中小学英语教师的黄河文化基本素养不容乐观，但是进行黄河文化教学尝试的意愿高，态度积极。

（一）教师对黄河文化了解情况不佳

调查教师对黄河文化内容的了解情况，只有9.93%的教师表示对黄河文化内容非常了解，不到1/10；表示对黄河文化不太了解和不了解的教师比例达到了29.79%，超过了表示对黄河文化比较了解的教师比例；表示对黄河文化比较了解的占24.11%，一般了解的占36.17%。由此可见，教师对黄河文化的了解情况不足，缺乏自信心，需要进一步加强对黄河文化的深入了解，提高自身黄河文化知识储备。

表 5-2-3 中小学教师对黄河文化内容了解情况表

选项	小计	比例
A.非常了解	14	9.93%
B.比较了解	34	24.11%
C.一般了解	51	36.17%
D.不太了解	37	26.24%
E.不了解	5	3.55%
本题有效填写人次	141	

（二）教师黄河文化的英语表达能力较差

研究组对中小学英语教师黄河文化英语表达能力进行了问卷调查，调查教师能否用英文介绍黄河的地理、历史、风俗、文化，42.55%的教师表示只能简单介绍，23.41%的教师表示不能介绍，两者合起来比例达到65.96%。表示能详细介绍的仅占6.38%，能一般介绍的占27.66%，两者相加比例为34.04%。由此可见，接近2/3的被调查英语教师黄河文化英语表达水平较低，难以胜任黄河文化与英语教学的融合教学；中

表5-2-4 中小学教师黄河文化英语介绍能力情况表

选项	小计	比例
A.能详细介绍	9	6.38%
B.能一般介绍	39	27.66%
C.能简单介绍	60	42.55%
D.不能介绍	33	23.41%
本题有效填写人次	141	

小学英语教师整体的黄河文化英语表达能力不容乐观，教师的黄河文化表达能力急需提高。

（三）教师对融入黄河文化教学的意愿比较高

对于学习用英语表达黄河文化是否有用处，被调查中小学英语教师普遍认为有用处，认为有很大用处的占 48.23%，认为有较大用处的占 36.87%，两者之和比例达到 85.10%。认为用处一般的被调查教师占 9.22%，认为用处不大或没有用处的占 5.68%。由此可见，绝大多数被调查教师认可学习黄河文化英语表达，只有极少数教师表示否定。

对于是否愿意在英语课堂中尝试融入黄河文化的教学，48.23%的被调查教师表示非常愿意，40.43%的被调查教师表示比较愿意，8.51%的被调查教师表示一般愿意，只有 4 位被调查教师表示出不太愿意或不愿意，占 2.84%。由此可见，几乎所有教师都愿意尝试在教学中融入黄河文化，教师对中国传统文化融入英语教学配合度非常高，在教学中积极响应基础教育改革和《义务教育英语课程标准（2022 版）》提出的教育教学理念，展示了非常好的教学改革态度。

教师对进行黄河文化融合教学的意愿情况是否与教龄存在一定的关系呢？对两者进行交叉分析（见图 5-2-2），发现 92.85%的 5 年以内教龄教师、97.14%的 5~10 年教龄教师、88.37%的 11~20 年教龄教师以及 79.41%的 20 年以上教龄教师非常愿意或比较愿意进行教学尝试，选择不愿意进行教学尝试的 2 位教师教龄都在 20 年以上。由此可知，教龄 10 年以内的教师更倾向于进行黄河文化融合教学尝试，这可能与年轻教师接受新事物能力强、乐于创新、精力旺盛等有关。教龄 20 年以上的教师文化教学尝试意愿低，可能与他们已经形成一定的教学思维习惯和教学方式、精力有限等有关。

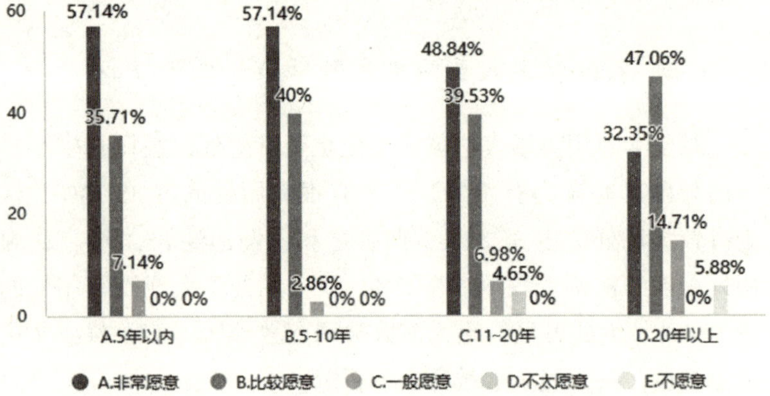

图 5-2-2 中小学教师教龄与黄河文化教学意愿交叉分析图

(四) 教师的黄河文化素养不高已经成为制约教学效果提高的重要因素

在调查教师认为在英语教学中融入黄河文化的主要困难是什么中，排名第一的困难是“教材涉及的黄河文化知识信息少，难以进行文化教学”，占比 87.94%；排名第二的困难是“教师的黄河文化知识薄弱，文化教学能力有待提高”，占比 68.79%，排名第三的困难是“语言教学任务重，授课时间紧，没有时间”，占 48.94%。由此可见，除了教材内容不足影响教师黄河文化授课外，教师自身文化知识薄弱、教学能力不足成为重要的制约因素，中小学英语教师对于缺乏相应的黄河文化教学资源以及自身黄河文化教学素质较低有所担心。

表 5-2-5 中小学教师教学中融入黄河文化的主要困难情况表

选项	小计	比例
A.教材涉及的黄河文化知识信息少，难以进行文化教学	124	87.94%
B.考试中很少考有关中国文化知识，讲了没用	40	28.37%
C.教师的黄河文化知识薄弱，文化教学能力有待提高	97	68.79%
D.学生对此兴趣不大，他们对语言学习或英美文化更感兴趣	23	16.31%
E.语言教学任务重，授课时间紧，没有时间	69	48.94%
本题有效填写人次	141	

三、中小学生黄河文化英语表达能力的现状

中小学生对黄河文化的了解如何？他们的黄河文化英语表达能力如何？是否愿意学习用英语表达黄河文化？我们对此展开了问卷调查，整体来说，学生黄河文化英语表达能力较弱，但是普遍认为学习黄河文化的英语表达用处大，愿意通过学习提升自身的能力。具体的调查结果如下。

（一）学生对黄河文化的了解较少

在被询问你是否了解黄河的地理、历史、风俗、文化时，被调查的中小学生表示非常了解的只有 20.72%，仅占约 1/5；表示比较了解和一般了解的占 62.55%，占到了大多数；有 12 位学生表示完全不了解，占到了被调查总数的 2.39%。通过调

查结果可以看出大部分中小学生对黄河文化有所了解，但是了解程度不高，还需要加深。黄河文化是中国传统文化的重要组成部分。中小学生在历史、语文、地理等课程中已经接触过很多黄河文化的内容，只是因为以前没有接触过“黄河文化”这个术语，所以对于黄河文化还没有形成系统性的认识。

表 5-2-6　中小学生对黄河文化的了解情况表

选项	小计	比例
A.非常了解	104	20.72%
B.比较了解	190	37.85%
C.一般了解	124	24.7%
D.有点了解	72	14.34%
E.完全不了解	12	2.39%
本题有效填写人次	502	

（二）学生的黄河文化英语表达能力较弱

对于能否用英语介绍我们的母亲河——黄河，被调查的中小学生表示能详细介绍的仅占 18.32%，能一般介绍的占 30.48%，两者之和为 48.80%。40.64%的被调查学生表示只能简单介绍，还有 10.56%的学生表示不能介绍，两者之和为 51.2%，超过一半。只能简单介绍或不能介绍的学生比例超过了能详细介绍或能一般介绍的学生比例，由此可见，被调查中小学生的黄河文化英语表达能力比较弱，学生对自己的黄河文化英语表达能力自信心不足。

表 5-2-7 中小学生黄河文化英语表达能力情况表

选项	小计	比例
A.能详细介绍	92	18.32%
B.能一般介绍	153	30.48%
C.能简单介绍	204	40.64%
D.不能介绍	53	10.56%
本题有效填写人次	502	

将学生对黄河文化的了解程度和英语表达能力进行对比分析，得到图 5-2-3。从图中可以发现，表示不能用英语介绍黄河文化的学生中，有超过 1/3 的学生是对黄河文化比较了解或一般了解的，有近一半的学生是对黄河文化有点了解的，完全不了解的仅占 20.75%。由此可见，学生黄河文化英语表达能力弱并不是对黄河文化不够了解，而是相关的英语表达知识掌握少。

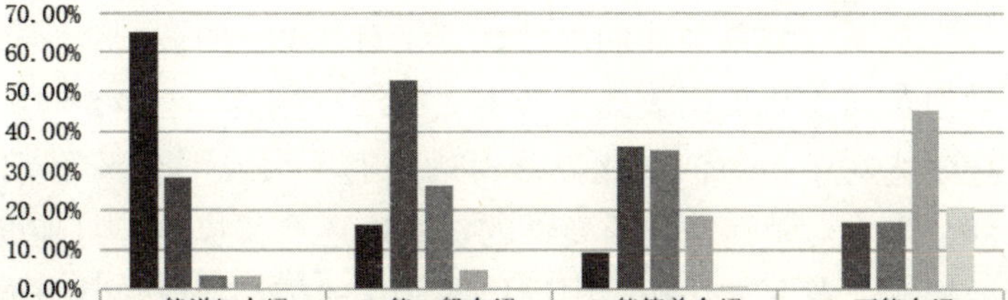

	A. 能详细介绍	B. 能一般介绍	C. 能简单介绍	D. 不能介绍
A. 非常了解	65.22%	16.34%	9.31%	0.00%
B. 比较了解	28.26%	52.94%	36.28%	16.99%
C. 一般了解	3.26%	26.14%	35.29%	16.98%
D. 有点了解	3.26%	4.58%	18.63%	45.28%
E. 完全不了解	0.00%	0.00%	0.49%	20.75%

图 5-2-3 中小学生黄河文化了解与英语表达交叉分析图

（三）学生对学习用英语表达黄河文化认可度高，兴趣高

研究组对中小学生学习黄河文化英语表达认可情况和兴趣情况进行了调查。对于学习黄河文化英语表达的用处情况，57.17%的被调查学生认为学习黄河文化英语表达有很大用处，30.48%的学生认为学习黄河文化英语表达有较大用处，两者之和为 87.65%。表示用处一般的学生占 8.96%，表示用处不大的占 2.79%，表示没有用处的占 0.6%。由此可见，大部分学生认可学习黄河文化英语表达，认为学习用英语表达黄河文化有用处。

对于学习黄河文化英语表达的兴趣情况，37.65%的被调查学生对学习用英语表达黄河文化兴趣浓厚，42.63%的学生表示对学习较有兴趣，两者之和为 80.28%。表示兴趣一般的学生占 15.14%，表示兴趣不大的占 3.38%，表示不感兴趣的占 1.2%。通过调查结果可以看出，大部分学生对学习黄河文化英语表达有兴趣，愿意学习黄河文化的英语表达。

从调查结果中我们也注意到，有 3.39%的被调查学生认为学习黄河文化英语表达用处不大或没有用处，有 4.59%的被调查学生对学习黄河文化英语表达兴趣不大或不感兴趣。因此，部分学生对黄河文化重要性的认可度还有待提高，兴趣度还需要提升。黄河文化作为中国传统文化的核心部分，其重要性已经是不言而喻，但仍有部分学生认为用处不大或没有用处，由此可见，这部分学生对黄河文化的认知需要加强，对传播中华文化的重要性认知需要提高。

第三节　中小学英语教学与黄河文化的融合路径

长期以来，义务教育阶段英语教学注重学生语言图式的构建，如词汇、语法、句型等语言规则的学习，但忽视文化图式的构建，造成学生在文化理解和文化交际方面较为薄弱。在此背景因素影响下，从“文化图式”和“双文化图式”理论出发，将文化图式与黄河特色文化相结合，构建义务教育阶段英语教学中的黄河文化图式，探讨中小学英语教学中黄河文化图式的构建原则、构建策略和方法，对于用英语讲好“黄河故事”、延续历史文脉、传播黄河文化、坚定文化自信具有重大的意义。

同时经过问卷调查发现中小学英语教师对于图式并不陌生，在教学中会主动运用图式，表示在教学中总是会和经常用相关图式（图表、思维导图等）帮助学生理解英语材料的被调查教师占到 51.77%，表示一般会用到的被调查教师占 27.66%，表示偶尔会用到的被调查教师占 20.57%，没有被调查教师表示从来没用过。另外，对于提供的相关图式（图表、思维导图等）是否帮助学生更好地理解、复述英语材料，92.91%的教师表示帮助很大或帮助较大，92.04%的学生表示帮助很大或帮助较大。由此可见，图式在中小学实际教学中适用能力强，接受程度高，适合引用来进行黄河文化的融合教学。

一、图式理论和双文化图式理论的运用

（一）文化图式理论

认知心理学认为，图式即构成认知能力的建筑砌块，是“人脑对过去反应或过去经验的积极构建，是大脑中连接新知识和背景知识的框架”。国外学者把图式分为三种：世界图式、文本图式和语言图式，其中世界图式就是关于世界各民族的文化图式。国内学者将图式分为语言图式、语境图式、文体图式和文化图式。文化图式逐渐成为图式的一部分，并越来越受到重视。

相关研究人员认为，人脑当中已有的文化背景知识就是文化图式，如与文化有关的历史地理、传统习俗、价值观念等。国内学者定义文化图式为：关于文化的背景知识，指人脑中通过先前的经验储存的一种关于文化的知识结构块，可以调用来感知和理解人类社会中的各种文化现象。

基于上述观点，本研究中的黄河文化图式指的是初中和小学学生在多年的学习与生活经历中，对黄河文化的历史、风俗、价值等形成的独特认识。

文化图式具有共享性、差异性、包容性、开放性的特点。共享性指不同民族的文化图式具有相似性，可以相互理解。差异性指不同民族因为地理环境等不同衍生出多样的文化图式，有的可能差异巨大。包容性指不同的文化图式可以相互借鉴、相互融合。开放性指文化图式是集体智慧的结晶，是连贯的。文化图式在不同的文化交流中发挥着重大的作用。

（二）双文化图式理论

文化是多元性的，文化图式也不例外。英、汉两种语言就

蕴含着不同的文化图式。对英语学习者而言，当英、汉两种不同的文化图式同时存在于大脑中，便构成了双文化图式，即关于西方文化和中国传统文化的知识结构块，可以调用来感知和理解各种中西文化现象。双文化图式具有三个基本特性：范畴性、关联性、动态性。

双文化图式可对英语学习者的认知过程做出解释：英语学习不是一个简单的语言符号的理解、吸收过程，而是一个英汉双文化的比较与内化过程，或理解为文化认知心理模式的构建过程。在该过程中，英语学习者在大脑中下意识地调取英汉双文化图式，对两种语言的文化内涵进行对比、分析与解读，建立语言形式与文化内涵之间的关系。具体如图 5-3-1 所示。

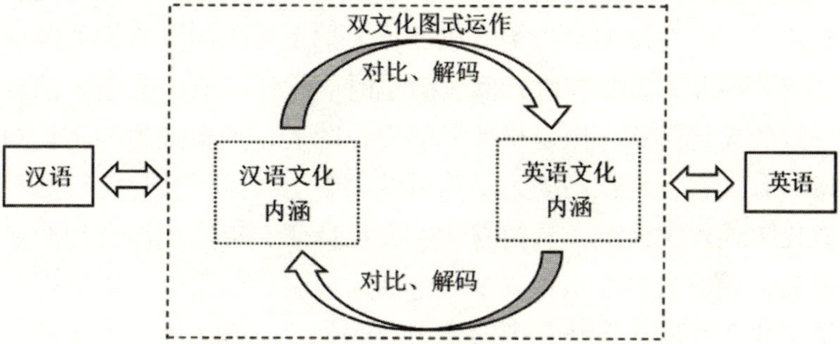

图 5-3-1　英语学习者文化认知心理模式图

（三）研究现状

1.英语教学中文化图式构建的意义和价值

有的专家学者从理论方面阐述了文化图式构建的意义和价值，认为在英语教学中建构双文化图式是贯彻落实《英语课程教学要求》《国家中长期教育改革和发展规划纲要》，展示和提升国家文化软实力的需要；构建双文化图式教学模式，可以增强学生的文化鉴别能力，提升母语文化自信，消解母语文化疏离感。

还有的学者是从实践应用角度，通过课堂观察、实验对比等方式进行论证。研究者在英语词汇、写作、听力、阅读、文化等教学中展开教学实验，发现运用文化图式理论进行各项英语教学可以激活学生词汇知识、构建学生写作篇章意识、加强听力理解力、提高阅读兴趣和文化意识水平，进而提高学生的跨文化交际能力，证实了文化图式理论和文化教学之间存在明显的正相关性。

2.英语教学中文化图式构建的有效策略

多年来国内学者对英语教学中文化图式的构建进行了广泛研究，涉及大学、高中、初中、小学等各个学段。有学者提出文化图式的冲突和缺失是造成部分大学生英语阅读障碍的因素之一，因此，教师在进行阅读教学时应激活已有的与输入信息一致的文化图式，修正相冲突的文化图式，重构缺失的文化图式。有学者提出在高职大学英语教学中引入国学文化先行的双文化图式教学模式，从树立学生文化自信、提升英语教师职业素养、英语教材本土化改革三个层面提出构建策略，以加强国学文化在高职英语教学中的渗透。

针对高中英语课的教学特点，有学者在文化图式理论指导下建构了“读前激活文化，读中建构文化，读后巩固文化”的高中英语课文化教学模式；还有学者依托人教版高中英语教材研究高中英语阅读理解教学活动，提出三大教学策略：丰富文化信息与教材形成互补、结合阅读感悟构建文化图式、读写结合重新编码文化图式。

针对初中英语教学，有学者提出初中英语文化教学的有效策略：激活并增长共有图式、发现并尊重差异图式、客观并宽容对待特有图式。针对小学英语教学，有学者提出小学英语教学中国学文化图式的构建应遵循整体性、系统性、针对性和理解性的原则，采用解释建构、归纳对比、以点带面的构建方式，并列出在具体英语语境下如何构建汉语文化图式。

3.研究现状评述

研究内容方面，文化图式理论在英语教学中的研究已经取得一定成效，为英语文化教学提供了新的思路，为教师课堂教学的实践开展提供了理论支持。但是多数研究仅停留在理论上，实证研究缺乏。

研究对象方面，目前研究主要集中在大学、高中师生，对基础教育阶段的师生关注度不够。

研究应用性方面，宏观方向性对策和建议较多，具有可操作性的微观建议相对单薄。中华文化博大精深，多数研究只是整体谈论文化图式的教学，没有将汉语文化图式进一步具体化，缺乏针对性和实践性。

二、中小学英语教学中黄河文化图式的构建原则

（一）针对性原则

针对性原则指要针对具体的课堂设计具体的文化图式。中小学英语课堂，每节课都有明确的教学内容和教学目标，教学任务紧凑，因此，在构建文化图式时要有所选择。教师要根据具体的授课内容和教学目标，针对学生的文化盲点和文化易错点，选择具体的文化内容重点讲授，有的放矢。对于学生熟悉的文化知识可以选择一带而过，少讲或不讲。

另外，黄河文化包罗万象，内容复杂，外语教学中不可能全部涉及，应该集中在初中小学教材话题的基础上进行延伸。首先，重在挖掘教材中的文化现象和文化信息，对教材中出现

的文化知识进行归纳整理，这部分文化知识传递应该放在语言框架内进行，将文化传递与语言传授紧密结合起来。其次，对于教材中没有出现，但是在考试大纲范围内或者义务教育阶段学生认知范围和能力内的文化现象，教师可以根据学生的学习情况、课程的学习安排、教学内容需求以及交际需要等有选择性地进行传递，将蕴含在语言中对日常交际产生重要影响的文化信息作为重点，在学生已有的文化图式基础上进行拓展延伸。英语课堂中文化传递的目的不同于历史课、语文课中的文化讲授，其是为了帮助学生更好地理解语言知识，更是为了学生能够用英语更好地讲授黄河故事、黄河文化，在文化交流中能够准确、恰当、得体地运用英语进行交际，达到跨文化交流、跨文化交际的目的。

（二）层次性原则

层次性原则指针对不同年级的学生构建不同层次的文化图式。文化图式作为系统的文化组织结构，由各种不同的文化信息所构成，不同的文化信息对理解力、认知力有不同的要求，具有一定的层次性。学生对文化知识的认识、理解和应用能力随着年龄的增长、年级的提高会不断加深提高，因此，不同的年龄结构和教学阶段应该导入不同层次的文化信息，在层层递进、循序渐进的过程中构建黄河文化图式。

教师在构建黄河文化图式的过程中，不仅要考虑义务教育阶段学生的年龄特征、身心发展特点，而且要重点依据学生的语言水平和接受能力来进行构建，由易到难、由浅入深、由简单到复杂地渗透与语言知识有关的文化背景知识。小学阶段学生英语学习以简单的日常生活对话为主，可以多讲解词汇短语文化，如词汇的言外意义、引申意义、联想意义、情感意义、社会意义等，帮助学生建立初步的词语文化图式。随着学生英语阅读能力和表达能力的提升以及文化知识积累的提高，引导学生对风俗习惯、价值观念、思维方式等进行对比分析，加强对句子、语言现象等的讲解，注重语言背后的语用文化讲解，提高跨文化图式的构建。循序渐进地传递可以使文化知识与语言知识之间建立有序的联系，帮助学生不断丰富图式，扩展图式。

（三）系统性原则

学生在语文课、传统文化课、历史课等中已经学习到大量的黄河文化内容，但是有可能并没有将其归入黄河文化的类别中，内容是分散的，因此，需要将其单独整理梳理，帮助学生构建系统的黄河文化图式。首先，每次课构建的黄河文化图式之间应该尽量建立联系，避免分散，图式注重知识点之间的联系和背后的关系，不同于简单知识点的讲解，可以结合文化英语讲座、英语文化节等形式，帮助学生系统梳理黄河文化的内涵，形成完整的黄河文化图式。其次，要注意在学生已有的文化知识基础上构建黄河文化图式，激发激活学生脑海中已经构建的黄河文化图式，帮助学生将已有文化图式系统化、条理化，并应用到英语语言学习过程中。最后，黄河文化图式的构建要与学生的英语语言知识建立联系，要有助于学生综合语言能力的发展，避免脱离学生语言学习层次、阶段和能力的文化知识传递，背离英语课堂构建黄河文化图式的目的。

三、中小学英语教学中黄河文化图式的构建方法

(一) 解释建构法

解释建构法指教师结合教材主题或语言材料向学生讲解相关的黄河文化，帮助学生形成黄河文化的系统认识。教师可以引导学生积极采用自我积累法，在学生自我积累的图式基础上进行解释构建。教师课前把相关主题任务、学习材料布置给学生自学，鼓励学生自行查阅相关的背景资料，帮助学生自我激活黄河文化图式。教师在学生自我构建的文化图式基础上，对引起理解障碍的重点难点进行讲解说明，突破重点难点，补充漏点盲点，优化文化图式。解释建构不仅仅限于课内，还应该与课外联合，因为课堂时间有限、教学任务紧，教师不可能花费课上大量时间帮助学生建构文化图式，另外，文化图式的建构是一个长期的过程，不是一蹴而就的，需要学生经验的积累。学生课外可以阅读黄河文化的相关中英文书籍、外宣资料、影视作品、电视节目等。

(二) 对比建构法

对比建构法即教师有意识地引导学生对黄河文化与其他地域文化进行对比，例如可以与国内长江文化、珠江文化等河流地区文化对比，也可以与国外密西西比河文化、尼罗河文化等不同国家的河流文化相对比。黄河文化内容丰富，涵盖地区广泛，教师还可以对黄河文化内部不同地域文化进行对比，如可以对比探讨河套文化、中原文化、齐鲁文化等，加深学生对黄河上中游不同文化特色的理解。通过对比建构对黄河文化的横

向和纵向深入认识，在建构过程中需要明确不同文化图式的相同点、相似点和差异点，对易混点和易错点进行重点对比分析，在求同存异的过程中建立各种文化图式的联系，在构建黄河文化图式的同时也对中国其他地域文化图式和国外相关文化图式有了更进一步的了解，有助于增强中小学生的跨文化交际能力和文化自信心。对比建构法可以采用“课下—课上—课下”的循环模式，或者“课下搜集资料—课上对比分析—课下整理总结”的模式，构建每个文化主题的知识图式。比如中西方对于水文化有不同的阐述，可以通过对比分析英汉水文化的差异①。

（三）实践建构法

实践建构法指教师在课堂内外带领学生通过实践训练的方法构建黄河文化图式，如角色扮演、讨论、游戏、辩论、故事、游学、文化节等各种各样的实践活动。实践法直观、形象、生动，重在学生的主动参与、积极互动和深度思考，有利于激发学生的学习兴趣，提高学生的文化表达能力，同时有助于加深学生对黄河文化的理解，有助于黄河文化图式的系统化。河南大学举办黄河文化英语节，学生制作微视频来宣传黄河文化，加深对黄河文化内涵的理解。如 *The Colors of the Yellow River*，讲述了黄河代表的颜色和文化内涵，因为富含泥沙而呈现的黄色，顽强奋斗抗击日寇的红色革命精神，保护黄河维护生态的绿色精神。通过构建颜色图式展现了黄河文化。提到颜色，教师可以进一步运用对比建构引导学生对比英

①朱静.文化传播视角下英汉翻译理论与实践的再探索[M].长春：吉林大学出版社，2020：144-149.

汉颜色文化的差异，并引导学生选择相关颜色含义讲解文化小故事或进行情境表演等，让学生在实践活动中进一步加深对相关文化主题的理解。

目前中小学校以及各级各类相关部门已经围绕黄河文化展开了丰富多样的实践活动，如由山东省教育厅和山东省文化和旅游厅联合组织，面向全省大中小学师生征集黄河文化主题优秀艺术作品，很多中小学校推选了国画、书法、摄影等作品，提高了学生对黄河文化的积极参与性。黄河水利委员会组织中小学成立“红领巾讲解员”，讲解员们通过视频讲解、旅游导览的形式带领师生和游客参观黄河博物馆，探寻“黄河巨龙的缩影”，找寻黄河文化记忆。山东淄博成立黄河文化教育基地，学生可以在此感受齐韵黄河文化、模拟黄河险情抢险演练、观看黄河号子队表演等。学生通过参与丰富多彩的实践活动，加深了对黄河文化的认识和了解，对于构建黄河文化图式帮助巨大。

四、中小学英语教学中黄河文化图式的构建策略

（一）提升教师黄河文化图式的构建能力

教师作为课堂的组织者和引导者，其自身文化素质的高低直接决定着文化图式的构建效果。首先，教师需要树立文化平等意识和文化自信自觉。明确各个国家的地域文化都可以通过英语这个语言工具得到传播和认可，英语学习不仅是学生了解英语国家、输入西方文化的窗口，也是我们传播中国思想、输出中国文化的工具。英语学习者既可以理解西方文化，更能够向西方介绍中国文化，传播弘扬中国文化，引领中国文化走向世界。其次，教师须了解熟知黄河文化内涵。只有具备优秀的

黄河文化素养，较高的分析总结能力，才能有效帮助学生构建黄河文化图式。教师应加强自身学习和积累，多学习、钻研有关黄河文化的知识，如民风民俗、艺术作品、经典著作等，拓展自身知识面。实地参观黄河文化有关的博物馆、艺术展馆、文化遗迹等，积极参加黄河文化有关的教育培训，提高自身的黄河文化素养和黄河文化英语表达能力。只有自己博学才能将知识更好地传递给学生，教出博学的学生。另外，学校也应该多开展相关的黄河文化体验活动，给教师和学生创设亲身体验、自我感知的机会。

（二）拓展黄河文化资源，弥补教材空缺

在现行教材黄河文化知识不足的情况下，教师可以利用各种黄河文化教学资源，根据文化教学需要调整授课内容，在教材主题基础上补充相适应的黄河文化内容，优化调整授课内容。教师应善于利用网络工具整合英语教育资源，运用多种方式充实教材内容，如制作教学视频、微课、讲座、电子课本等补充到英语教学过程中，更好地渗透黄河文化。各地区和学校可以充分利用本地黄河文化教育资源，挖掘当地特色黄河文化内容，形成校本课程、地方课程，打造具有地域黄河文化特色的本土教材。山东省各地的黄河文化就具有不同的特点，如东营的黄河三角洲文化、艰苦奋斗坚持不懈的胜利油田精神、重礼乐分等级的姬周文化等，各地可以充分与当地特色文化结合，丰富拓展黄河文化内涵。

通过黄河文化图式的引入，构建蕴含民族精神、地域精神的文化图式，让学生深谙家乡文化，运用英语表达推介，做家乡文化的“国际宣传员”。目前很多学校已经开发出黄河文化的特色本土课程，取得了良好的效果。如山东省实验中学创办

黄河文化特色课程“传承黄河文明、铸就时代新篇”，将黄河文化与泰山文化、儒家文化、大运河文化、海洋文化、红色文化等多种特色文化交融，多层次、多维度展现了黄河文明的历史传承与时代创新。淄博柳泉中学依托淄博市25个国家传统村落开发黄河文化主题课程“黄河下游古村落地理跨学科课程”，编写案例对应研学导学案，编印教学案例集、研学手册和学生作品集等，成果丰硕。但是目前的黄河文化本土课程多集中在历史、地理、政治等学科的融合，与英语学科的融合还有待提高。

（三）优化教学模式，提升黄河文化渗透效果

为有效构建黄河文化图式，教师需要改变传统的英语课堂教学思想、教学模式和教学方法，对教材进行全面分析，结合教学内容补充相关的黄河文化，将黄河文化图式构建渗透到英语课堂教学中。优化教学的方法列举如下：①在阅读和写作过程中渗透黄河文化。可以准备一些专门介绍黄河文化的英语短文，让学生阅读交流。在写作中融入黄河文化元素，训练写作具有黄河文化元素的写作题材，在写作中学会介绍黄河文化。②在听力和口语训练中渗透黄河文化。可以开发与黄河文化有关的听力练习和口语讲解，让学生能够听懂相关的英语介绍材料，也能够自己主动介绍黄河文化，讲述黄河故事。如黄河流域涌现出来的英雄人物、黄河治水精神、黄河农耕文化等。③在各个教学环节中渗透黄河文化。如利用导入5分钟，让学生分享与黄河文化有关的谚语、小故事等，每日积累，积水成渊，聚沙成塔，学生用英语表达黄河文化的意识和能力会得到很好的提高。④通过思维导图建立黄河文化的内在联系。思维导图可以帮助将学生脑海中分散的黄河文化知

识建立起联系，形成系统化的文化图式。教师可以采用教师绘制—学生模仿和学生自绘—同学学习等方式提高学生思维导图的绘制能力。

（四）丰富教学活动，加深黄河文化精神体验

中小学校和教师应该设计丰富多样的黄河文化教学活动，帮助学生体验感知黄河文化，深刻领悟黄河文化精神内涵，真正理解黄河文化，树立黄河文化自信。黄河文化的教学活动包括：①创设情境主题。在日常教学中，教师可以结合教材内容和自身理解，创设多种主题的情境活动。如在教学课题“Travelling abroad”时，可以借助“让世界看黄河”这一主题，通过设计游学活动，让学生充当小导游，将黄河沿线的代表性自然景色、人文景观、建筑特色等介绍给外国人，在此过程中让学生体验到黄河文化的自然魅力，树立对黄河文化的自豪感。通过让学生体验各种角色扮演，如当家乡宣传员、黄河文化推介员、国际发言人、联合国发言人等，让学生感受到用英语传播中国传统文化的成就感和自信心。②设计黄河文化艺术展。中小学校可以组织各种黄河文化的艺术活动，举行艺术作品展或者艺术作品演出。黄河文化的展现形式包括历史故事、神话传说、文学作品、诗歌散文、音乐绘画等，通过多种多样的展现形式让学生体会黄河文化的丰富内涵并真正参与到文化创作中。③组织社会实践活动。学校和教师可以组织黄河文化社会实践活动，让学生走出校园走向社会，切身体验黄河文化。如组织学生进行文化游学，在游学中让学生体验文化，感知文化；在节日庆祝时融入黄河文化元素，排练文化节目，邀请家长观看或举行公益演出等；组织黄河文化的志愿

者活动，让学生真正参与到保卫黄河、保护环境的活动中来。④引入热点话题，激发学生学习兴趣。在教学中可以引入最近创作推出的黄河文化舞蹈艺术、黄河文化电视节目等，让学生感受思想创新、现代科技与千年文化的经典融合。

第六章　中小学英语地域文化教学的实践案例

第一节　小学英语地域文化教学的实践案例

一、齐鲁文化教学案例

小学英语教学融合齐鲁文化教学案例的设计主要遵循挖掘教材内文化元素补充学习资料、结合词汇和句型的学习提升认识、开展专题课外活动满足学习愿望的三大原则。两篇教学案例文本均选自鲁教版小学英语教材，两篇教学案例均以任务型教学法贯穿始终，基本的教学环节为热身导入、新知呈现、语言输出操练、课堂小结、情感教育和课后作业。根据教学内容选择在合适的教学环节补充呈现齐鲁文化元素，提高学生齐鲁文化的英语听说能力，通过课后作业的设计让学生进一步感知、体验齐鲁文化与英语的融合。

表 6-1-1　小学英语齐鲁文化融合教学案例一

教材分析	本课例以鲁科版小学英语教材五年级上册 Unit 1 Teachers' Day Lesson1 She's very kind 为教学文本，时长 1 课时，其语言功能是描述人物外貌及性格特征		
学情分析	本课教学对象是五年级学生。经过两年的英语学习，他们已经掌握初步的英语知识，在听、说、读、写方面具有一定的基础，并且在课外知识上也有了一些积累。虽然他们的英语实际应用能力有限，但在实践中用英语进行日常交流的愿望强烈。因此，教师要通过丰富多彩的教学活动吸引学生，激发他们的兴趣，将枯燥的语言变得生动而又容易记忆，让学生在感知、体验和参与中获取知识，形成能力		
教学目标	知识目标： 1.能听懂、会说、认读单词，规范书写：card，who，young，kind 2.能听懂、会说、认读句型：She's very kind. She's young. She's strict 能力目标：能运用所学句型，描述他人的外貌特征 情感目标：培养学生尊敬师长的品质及学会树立良好的人际关系 文化目标：帮助学生初步了解齐鲁文化名人、伟大教育家孔子，并培养学生用英语描述家乡文化名人的兴趣和能力，提升学生作为孔孟之乡山东人的自豪感		
教学重难点	教学重点： 1.能听懂、会说、认读单词，规范书写：card，who，young，kind 等 2.能听懂、会说、认读句型：She's very kind. She's young. She's strict。灵活运用一般过去式描述人物外貌及性格特征 教学难点：能在真实语境中运用所学句型描述人物外貌及性格特征		
教法	任务型教学法、情境教学法	教学准备	教学光盘、卡片、头饰
教学过程	Step 1:Warm-up—Guess who is he Task 1:看图猜名,引出人物 展示孔子的人物图片,学生猜测人物名字 Confucius(孔子)		

续表

教学过程	Task 2：介绍人物，预留悬念 教师运用句型 Does he have long hair? Is he tall/thin in the picture?与学生进行简单问答练习，并进一步介绍孔子的重要信息：孔子，春秋时期鲁国人（今山东省曲阜市），中国古代伟大的教育家、思想家、政治家，儒家学派创始人。询问学生：为什么今天我们要介绍孔子？教师暂不作答，等学完课文内容后再让学生自己找到答案，首尾呼应 【设计意图】复习关于外貌的单词及句子，为学习新知做铺垫，起到课前热身的作用，同时渗透齐鲁历史名人学习，用悬念引导学生接下来的学习 Step 2：Presentation Task 1：Watch and Guess （看图片猜主题） 1.教师展示 Jenny and Danny 坐在课桌旁的照片，引导学生观察，并询问：What's Danny doing? 2.学生根据图片内容，猜测 Danny 正在制作卡片（is making cards）。教师进一步询问：Danny 为什么制作卡片？卡片是为谁做的？ 【设计意图】通过看图预测，提高学生的观察能力和判断能力，同时对课文对话的情境和背景有基础的了解，为接下来的课文学习打下基础 Task 2：Watch and Find（看视频找答案） 1.教师播放课文视频，学生找出问题答案：Tomorrow is September 10. It's Teachers'Day.（明天是 9 月 10 日，是教师节。Danny 制作卡片是为了送给他最喜欢的老师。）教师在黑板板书 Teachers'Day，并重点教读 2.教师再次播放视频，让学生找出：Danny 最喜欢的老师是谁？Jenny and Danny 谈论了老师的哪些方面？ 3.学生分享答案：Danny 最喜欢的老师是 Miss Zhang，Jenny and Dann 谈论了 Miss Zhang 的外貌和性格 【设计意图】整体感知课文，学生带着问题看视频，既练习听力，又有助于理解课文 Task 3：Listen and Circle（听音频画句子） 1.教师在此播放音频，学生认真聆听并画出描述 Miss Zhang 的句子

续表

教学过程	2. 邀请学生分享答案：She's young. She's tall. She has long hair. She's very kind. And she's strict.教师在黑板板书重点句型，并重点讲解单词young，kind，strict 3.教师以多种方式领读句子，可以采用全班齐读、单个学生读、同桌读、小组读、分角色朗读、上台表演等多种形式 【设计意图】通过播放音频让学生关注到具体的对话内容和重点对话句型，避免视频影像分散学生的注意力。通过多种形式的朗读方式照顾到全班每个学生，提高学生的听说能力，保障学生掌握教学重点 Task 4：Think and Learn（Culture Extention、文化拓展学习） 1.教师让学生思考：为什么我们本节课一开始就介绍孔子？呼应课堂一开始热身部分提出的问题。学生回答：Because it is Teachers'Day.因为本篇课文提到了教师节，教师节马上就要到了 2.师生分享关于孔子和中国教师节来历的相关文化知识，可以学生先分享，教师再做补充 孔子（Confucius）是古代伟大的教育家（a great teacher and educator），是今天我们山东省曲阜人(Qu Fu，Shandong)。孔子有 3000 多名学生（more than three thousand students），但是他没有骄傲（wasn't proud），仍然拜老子（Lao Zi）为师向他请教。历史上曾把孔子的诞辰日（the birthday of Confucius）作为教师节。1985 年，全国人大常委会委员通过议案，确定每年 9 月 10 日为教师节。今年是第 37 个教师节（the 37th Teachers'Day）。在教师节，学生们经常为教师制作漂亮的卡片或绘制图画（make beautiful cards or draw pictures） 【设计意图】通过简单介绍孔子和我国教师节的起源，帮助学生进一步了解自己家乡的历史名人，为家乡感到自豪，并从小引导学生树立尊师感恩的意识 Step 3：Practice 1.听录音跟读，注意语音语调 2.小组分角色朗读课文 3.上台表演课文对话

续表

教学过程	【设计意图】通过多种形式的朗读和表演，调动学生口、眼、耳、脑的参与，激发兴趣，加深印象，使新知识在不断的变化重复中得到练习和加深 Step 4：Production 1.猜谜游戏：我说你猜 教师展示 4 幅教师图片（分别是 Miss Liu，Miss Wang，Mr. Li，Mr. Black，来自课本 2. Let's talk)，然后随意描述一位教师的特征，学生根据图片快速说出教师的名字。在此基础上，邀请学生上台描述，其他学生猜测教师名字 2.画图猜谜：我画你猜 学生随意画出自己身边最喜欢的教师的图片，并运用句型(He/She is ...；He/She has...）简单介绍教师的外貌和性格，其余同学猜测教师的名字。可以小组间进行，教师巡视指导，给予相关帮助或鼓励 【设计意图】通过游戏活动充分调动学生的学习积极性，巩固所学知识。让学生描述自己身边的教师，既调动了学生的学习乐趣，又实现了本节课的语言知识点的输出，同时通过绘画让学生初步感受自己的老师为教育教学的付出，无形中渗透感恩尊师教育 Step 5：Watch and Answer 1.播放关于教师节的视频——假如给我 10 亿让我放弃你（泰国教师节） 启发学生思考：你喜欢视频中的教师吗？为什么？我们从视频中能学到什么？ 2.学生分享感悟：富有爱心的教师会影响我们的一生，我们应该对教师心存感激，感谢教师的付出 【设计意图】通过感人视频的观看，引发学生回忆自己老师的点滴，触动学生心灵深处对老师的尊敬和感谢，实现情感教育目标 Step 6：Think and Read 1.学生总结本节课所学语言知识，并朗读新单词和新句型 2.学生分享本节课学到了什么，重点在于学习能力、文化意识和情感态度的分享 【设计意图】对本节课的重点知识进行再现，留下总体、深刻、持久的印象；将核心素养的培养渗透到教学中，提升英语课程的育人价值

续表

教学过程	Step 7：Homework 必做作业：描述自己最喜欢的教师 选择作业：搜索关于孔子教学的小故事，与家人、朋友或同学分享 【设计意图】为使课堂内外形成一个完整的体系，作业的设计可以进一步提高学生运用语言的能力，使学生学以致用，感受成功的喜悦。作业分层次设计，既可以保证所有学生对所学重点单词和句型的复习与巩固，又给学有余力的学生继续学习齐鲁家乡文化的契机和动力，将本节课文化目标的达成延伸到课外，进一步推动学生践行家乡地域文化的自我学习意愿

表 6-1-2　小学英语齐鲁文化融合教学案例二

教材分析	本课例以鲁科版小学英语教材四年级下册 Unit 3 Lesson 2 What would you like 为教学文本，时长 1 课时。作为对第一课授课语境的延续，本课仍然通过 Tom 一家去中式餐馆就餐的语境呈现核心句型 What would you like？I'd like...and... 。常见的简单食物类词汇 apple/banana/rice/hamburger/juice/chicken 等都已经在三年级下 Unit 1 有所接触，而 tomato/potato/soup 是本课的新授单词。有关复数概念表达在三年级上册也已经出现过，学生已经有了一定的知识储备
学情分析	本课教学对象为四年级学生。经过一年多的英语学习，他们已对英语有了初步认知，学生乐于表现，乐于参加活动，因此，采用任务型教学法能让学生享受到成功的喜悦。在教学设计时，适当搭配视频、阅读文本、听音模仿、配音、歌曲、游戏以及表演等形式，充分利用学习风格综合优势，调动每一位学生的积极性，吸引学生参与到学习中来
教学目标	知识目标： 1.能够听懂并会说句型：What would you like? I' d like...and... 2.能够理解对话大意，能够使用正确的语音、语调朗读对话 能力目标： 1.能够在语境中运用句型 What would you like? 2.能够运用句型 I' d like...and... 表达自身的点餐意愿 3.能够在语境中正确使用 Yes，...please./No，thanks.表达意愿和想法

续表

<table>
<tr><td rowspan="1">教学目标</td><td colspan="3">情感目标：
1.培养学生文明就餐、品味美食、感受文化的行为意识
2.培养学生敢于开口，得体地表达自己的喜好，不怕出错误的表达意识
文化目标：
1.了解中西方饮食的差异和礼貌就餐的习惯，增强跨文化意识
2.培养学生乐于介绍自己家乡齐鲁美食的勇气，用英语描述家乡美食的兴趣和能力，加深对当地美食文化的体验，提升对自己家乡美食的认同感和自豪感</td></tr>
<tr><td>教学重难点</td><td colspan="3">教学重点：食物名称的学习及询问客人点餐要求的礼貌用语
教学难点：句型运用中词汇的替换</td></tr>
<tr><td>教法</td><td>任务型教学法、情境教学法</td><td>教学准备</td><td>卡片、评价教具、PPT</td></tr>
<tr><td>教学过程</td><td colspan="3">Step 1：Warm-up
1.欣赏英文歌曲：What would you like?
【设计意图】提前感知重点句型，通过歌词中句型的重复渗透新学句型
2.看图谈话：观看美食图片，询问学生，What would you like? 学生用句型 I'd like...进行简单回答
【设计意图】师生间的亲切问候和对话，可以让学生迅速进入英语学习状态，而看图回答问题既复习上节课学过的单词，又为这节课做铺垫
Step 2：Presentation
Task 1：Watch and Find（看视频找问句）
1.教师介绍课文情境：午饭时间到了，Tom 想吃饺子，爸爸 Jack 想吃面条，但是妈妈不会做中餐，他们一家人决定出去吃饭。现在 Tom 一家人正在一家中餐厅，让我们来听听他们和服务员的对话吧。请观看视频并画出服务员的问句
2.学生分享服务员的问句：What would you like? Would you like some soup?
3.教师板书并领读问句，提醒学生注意这两种问句的不同形式，第一个是特殊疑问句，需要回答具体的内容；第二个是一般疑问句，需要回答 Yes 或 No</td></tr>
</table>

续表

教学过程	【设计意图】采用情境教学法，从情境中呈现课文，从课文中学习对话，降低学生的学习难度，加强学习与实际生活的联系 Task 2：Listen and Circle（听录音圈单词） 1.学生听课文录音，重点关注 Tom 一家人的回答方式并圈出听到的食物单词 2.教师在黑板板书食物单词，并进行教读，重点强调 noodles，potatoes 等复数单词的发音 3.教师引导学生进一步观察 What would you like? 的两种不同的回答方式，一种是直接回答食物，一种是运用句型 I'd like... 【设计意图】采用任务教学法，让学生每次带着任务听录音，训练学生专注听的能力，提高学生抓要点、抓核心的能力 Task 3：Look and Match（看词连线） 1.教师呈现 Tom 一家三口的图片和食物单词，学生根据家人点餐情况进行连线，Tom 点的饺子（jiaozi），爸爸点的面条（noodles），妈妈点的米饭、土豆、西红柿汤 2.学生根据连线，运用句型 What would you like，Tom? What would you like，Mum/Dad? I'd like... 进行对话练习 【设计意图】通过连线将课文内容呈现得更加具体、更加清晰，帮助学生梳理文章内容，并锻炼学生在课文对话基础上进行灵活运用的能力 Step 3：Practice-Pair work 1.Watch and Imitate 看视频模仿，邀请学生充当小教师模仿跟读对话，教师指导并表扬鼓励。 2.Act and Show 学生通过角色扮演进行对话，并邀请部分学生上台表演 【设计意图】通过模仿肢体动作帮助学生体会如何有礼貌地接受（Yes，please.）或者拒绝别人（No，thanks.），渗透礼貌就餐的行为意识，真正将情感目标落到实处 Step 4：Production-Group work 创设邀请 Tom 一家来山东吃饭的情境，出示多种多样的美食图片，包括多种齐鲁美食，如博山酥锅（Boshan Suguo）、淄博烧烤（Zibo barbeque）、青岛海鲜（Qingdao seafood）等，让学生用所学句型（What would you like? I'd like...）进行小组对话表演

续表

<table>
<tr><td>教学过程</td><td>
【设计意图】通过语言输出环节引导学生运用新知进行交流，实现新知的有效操练。通过补充更多我们身边的齐鲁美食，改变长期不变的 dumplings，rice，soup of tomato and eggs 等传统选项，让学生感受到自己家乡的美食、自己的日常饮食也可以进入英语课堂、英语对话，让学生真正感受英语语言的烟火气，为家乡文化感到自豪
Step 5：Watch and Answer
播放关于食物文化的视频，一个视频是关于中餐尤其是齐鲁美食、典型鲁菜的文化介绍，一个视频是关于西餐的文化介绍。询问学生：中餐和西餐的区别有哪些？为什么会有这样的不同？引导学生走遍世界，尝遍世界美食，向世界传播家乡美食文化
【设计意图】通过视听形式让学生欣赏齐鲁美食、西方美食及制作过程，加深对中西方饮食文化的直观认识和理解，同时能够激发学生对自己家乡美食的自豪感
Step 6：Summary
学生分享总结本节课所学内容，包括语言知识点、思维能力、文化意识、情感态度等
【设计意图】对本节课的重点知识进行再现，给学生留下总体、深刻、持久的印象；将核心素养的培养渗透到教学中，提升英语课程的育人价值
Step 7：Homework
1.调查家人喜欢的齐鲁美食，填写调查表
<table>
<tr><td colspan="4">What would you like? I like________.</td></tr>
<tr><td colspan="4">Zibo barbeque（淄博烧烤），Boshan Suguo（博山酥锅），Boshan Hard fried meat（博山硬炸肉），Dezhou braised chicken（德州扒鸡），Qingdao seafood（青岛海鲜），Laiwu fried chicken（莱芜炒鸡）等</td></tr>
<tr><td>Father</td><td></td><td></td><td></td></tr>
<tr><td>Mother</td><td></td><td></td><td></td></tr>
<tr><td>Grandpa</td><td></td><td></td><td></td></tr>
<tr><td>Grandma</td><td></td><td></td><td></td></tr>
<tr><td>Sister/brother</td><td></td><td></td><td></td></tr>
</table>
</td></tr>
</table>

续表

教学过程	2.学习制作一道齐鲁美食 【设计意图】作业作为一节完整课堂教学必不可少的环节，既是对课堂学习知识的复习与巩固，也是对课堂教学的延伸与拓展。本节课作业设计依然坚持分层次设计的原则，鼓励学生动口、动手，同时直接以淄博烧烤、德州扒鸡、博山酥锅、青岛海鲜等齐鲁各地美食为作业素材，引导学生关注、关爱自己的家人，既兼顾了英语语言知识的巩固复习，又再次融合了家乡文化和情感教育的践行

二、黄河文化教学案例

黄河文化教学案例的设计理念是在英语教学中构建文化图式，通过图式构建促进学生对黄河文化的感知和理解。两篇教学案例一篇选自人教版（PEP）小学英语教材四年级上册，一篇选自外研版小学英语教材（三年级起点）六年级上册。这样选择是为了覆盖不同的教材版本、不同的教学年级，提升案例的参考价值。三、四年级小学生刚刚接触英语学习，词汇量少，图式构建应考虑多采用图片等形式帮助学生理解。小学高年级已经具备了一定的词汇知识，图式构建就可以用词更多一些，层次更丰富一些。两篇教学案例基本的教学环节：热身导入——引出并激活文化图式；新知呈现——构建并消化文化图式；活动操练——应用并完善文化图式；巩固拓展——应用并拓展文化图式；总结——深化文化图式；课后——感知体验文化。

（一）人教版小学英语教学案例

本课例以人教版（PEP）小学英语教材四年级上册Unit 5 Dinner's ready Part A Let's talk 部分为教学文本。本课呈现的是 Mike 一家人吃晚餐的场景。教学重点是能够听、说、认读有关食物的单词，如 soup，bread，vegetables，fish 等以及运用句型 What would you like? I like...表达和询问用餐意愿。食物和用餐是日常生活场景中的重要话题，是小学低年级学生学习的重点和难点。食物、用餐与文化密不可分，紧密相连。构建中西餐文化图式有助于学生了解黄河流域的农耕文化，了解中西餐的区别，加深对课文背景文化的了解。

表 6-1-3　小学英语黄河文化图式教学案例一

教学环节	教学活动及互动方式	设计意图
热身导入：引出并激活文化图式	Step 1：Warm-up and lead-in（5mins） Activity 1：看视频，引出课文主题，为本课文化图式主题打下基础 教师播放中外美食视频，尤其是中国食物如鲁菜、川菜、粤菜等各种特色中国食物，引导学生说出本课学习主题：food（食物）	通过欣赏美食引入主题，同时帮助学生了解中国特色食物，增加食物文化背景知识，提高文化自信
	Activity 2：选择图片回答问题，激活饮食文化图式 1.教师为学生展示中西方食物图片，并让学生对图片进行分类，提问学生：①Who prepare food for you at home?（在家谁为你做饭？）②Can you divide the pictures?（你能将图片分类吗？）What food is Chinese food?（哪些食物属于中餐？）What food is western food?（哪些食物属于西餐？） 学生利用学过的家庭成员单词回答问题①，问题②通过图片选择的形式来回答 2.教师根据学生的回答在黑板上贴出食物文化图式草图。引导学生发现中国的传统食物大都与各种面食有关，这与中国长达几千年的农耕文化密不可分	通过教师的讲解，让学生对食物的产生背景有所了解，加深对食物的感知，将食物与文化紧密结合在一起。同时强化情感目标的渗透，让

续表

教学环节	教学活动及互动方式	设计意图
热身导入：引出并激活文化图式	3.补充讲解：中国最早的农耕文化发源于黄河流域，黄河流域孕育了中国古代发达的农耕文化，很多的传统食物都来自黄河流域，属于黄河文化的内容 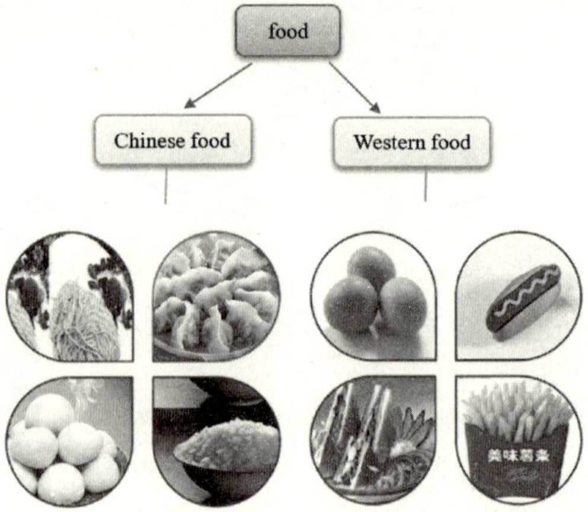	学生感知食物的来之不易、家人做饭的辛苦，培养学生珍惜粮食的优良品质
新知呈现：构建并消化文化图式	Step 2：Presentation(15mins) Activity 1：看图说话，创设课文情境，熟悉对话人物和对话场景 1.教师引导学生观看课文图片并询问：Who are in the picture? Can you guess where are they? (图片中都有谁？猜猜他们在哪里？) 2.学生观看图片并根据已知人物信息，回答：They are Mike，Mike's father and mother. They are at home. They have dinner at home.①图片中的人物是 Mike 和 Mike 的爸爸妈妈，他们在家里，正准备吃晚餐。	情境教学法的运用有助于帮助学生更好地理解对话发生的时间、地点和场合，有助于与实际生活情境相联系，为学生的口语交际打下基础

续表

<table>
<tr><th>教学环节</th><th>教学活动及互动方式</th><th>设计意图</th></tr>
<tr><td rowspan="3">新知呈现：构建并消化文化图式</td><td>
</td><td></td></tr>
<tr><td>Activity 2：看视频找关键词，丰富饮食文化图式
1.教师播放录音，学生边听边做记录，在课本上画出听到的食物单词：soup，bread，fish，vegetables。然后将食物单词添加到前面教师带领学生所绘制的食物文化图式中
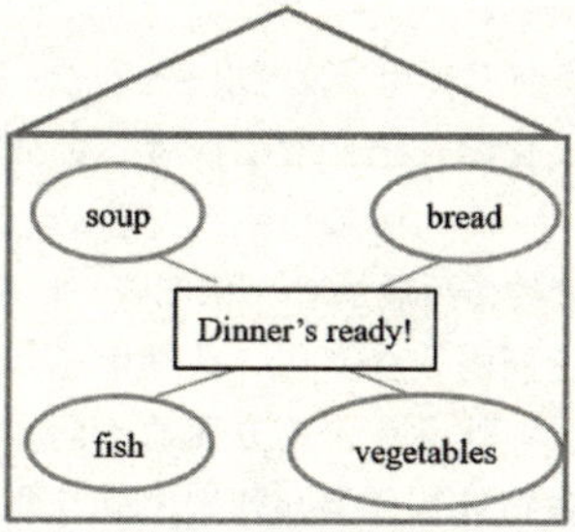

2.朗读并讲解食物单词，带领学生学习食物单词。通过各种趣味性的形式，如自然拼读、韵律歌谣、词汇接龙等，帮助学生掌握单词的发音。重点强调单词里面元音字母 i 和元音字母组合 ou，ea 的发音</td><td>听音找词有助于提高学生抓核心词的能力，同时图式的运用可以帮助学生更好地理解课文</td></tr>
<tr><td>Activity 3：阅读课文，画出重点句型，消化吸收文化图式
1.教师带领学生阅读课文，画出本课重点句型：
What would you like? I like...</td><td>通过图式将课文对话的人物、地点，单词、句式</td></tr>
</table>

续表

<table>
<tr><th>教学环节</th><th>教学活动及互动方式</th><th>设计意图</th></tr>
<tr><td>新知呈现：构建并消化文化图式</td><td>2.利用食物文化图式，套用句型描述课文重点句子
What would you like? I like some soup and bread，please.
What would you like? Some fish and vegetables，please。
提醒学生有两种不同的答语形式
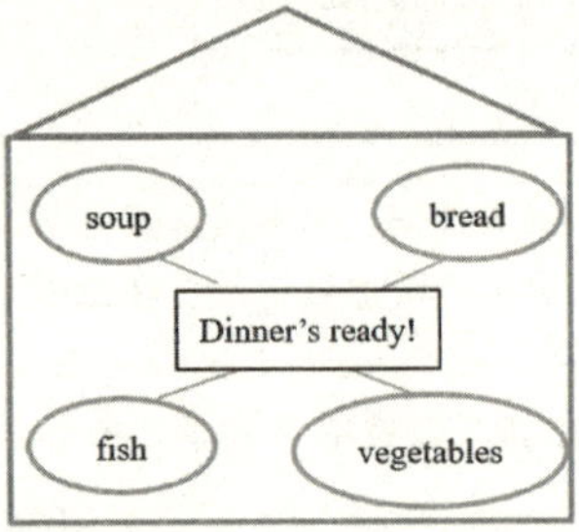
</td><td>等内容完整结合起来，帮助学生形成整体认识，有助于理解、背诵课文</td></tr>
<tr><td>活动操练：应用并完善文化图式</td><td>Step 3：Practice（6mins）
Activity 1：角色扮演，利用课文文化图式
学生根据课文的文化图式记忆对话内容，并分角色上台表演
Activity 2：看图分类，拓展饮食文化图式
教师播放中西方不同的饮食文化，让学生感知中西方在食物类型、餐具、饮食礼仪等方面的不同。学生对黑板上所出现的食物进行分类，区别中餐与西餐食物种类的不同
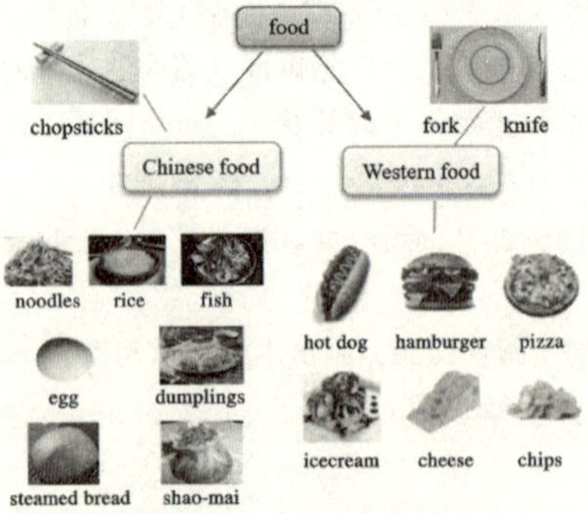
</td><td>对课文图式的及时运用可以帮助学生加强图式记忆，提高学生的图式运用能力。对比分析中西方饮食文化，可以丰富学生的知识面，拓展词汇量，加深跨文化意识，提高跨文化表达能力</td></tr>
</table>

续表

教学环节	教学活动及互动方式	设计意图
巩固拓展：应用并拓展文化图式	Step 4：Consolidation（7mins） Activity：举行“开餐厅”活动，深化拓展饮食文化图式 学生根据自己的兴趣开设中餐厅或西餐厅，可以用图片或单词装饰自己的餐厅。其余学生可以选择当顾客，运用本节课所学重点句型“What would you like?”与“餐厅老板”进行点餐对话	通过情境创设将所学知识应用于实践,提高学生情境知识运用能力和口语表达能力
总结：深化文化图式	Step 5：Summary（2mins） 教师引导学生积极总结本节课所学重点单词、句型以及相关的文化知识。教师对学生的总结进行有效点评，同时对重点内容进行强调，促进图式印象的深刻	加强对课文内容的整体认识，提高应用图式的能力
课后：感知体验文化	Activity at home 1.跟家人学做饭菜，尝试为家人准备一道菜 2.观察生活中的食物	培养学生善于观察的行为意识和关爱家人的情感意识

（二）外研版小学英语教学案例

本课选自外研版小学英语教材（三年级起点）六年级上册 Module 1 Unit 2 It’s in the west。本课是在学生学会运用数字和句型 How long...? How big...? 描述事物长度和大小的基础上，进一步学习如何描述方位。重点单词是 east，west，south，north 四个位置词，重点句型是 Where’s...? It’s in the...。从大单元教学理念来说，学生学完本单元后能够比较全面地描述建筑、河流、城市的长度、大小、方位等，特别适合用来构建黄河基本信息的文化图式。学生能够用英语介绍黄河的长度、在我国的方位，重要的城市以及城市方位等。另外，本课课文是以美国地图和城市为例，学习描述城市的方位，西方文化元素明显，也非常适合进行中西方文化对比学习。

表 6-1-4　小学英语黄河文化图式教学案例二

教学环节	教学活动及互动方式	设计意图
热身导入：引出并激活文化图式	Step 1：Warm-up and lead-in （6mins） Activity 1：看视频，引出文化图式主题 1.教师播放黄河的视频，引导学生说出单词 Yellow River 2.教师板书图式主题“Yellow River”，并进一步强调黄河是我们的母亲河，是中华文明的发祥地 Yellow River Activity 2：“黄河讲解员”活动，激活黄河的文化图式 1.进一步询问学生：How is the Yellow River? How long is it? 通过观看中国地图和相关黄河介绍，引导学生利用上节课所学语言知识进行回答 2.教师邀请部分学生化身“黄河讲解员”，介绍黄河的基本情况 Look！This is our mother river：Yellow river.（看！这是我们的母亲河：黄河。）It is long and old. It is more than 5 thousand 4 hundred kilometers long. It is the second longest river in our China and the fifth longest in the world.（它蜿蜒流长，历史悠久，长达 5400 多千米，是中国第二长河、世界第五长河。）It flows through 9 provinces and 33 cities. It is in the shape of “儿”. It is very beautiful.（黄河流经中国 9 个省，33 个城市。黄河的形状像汉字“儿”，非常漂亮。） 3.教师根据学生的回答，在黑板上绘制黄河的文化图式草图	通过观看视频帮助学生形成关于母亲河黄河的直观形象认识。问题思考和讲解员活动的设计，可以帮助学生全面认识黄河，激发学生对黄河的热爱和自豪之情

续表

教学环节	教学活动及互动方式	设计意图
热身导入：引出并激活文化图式	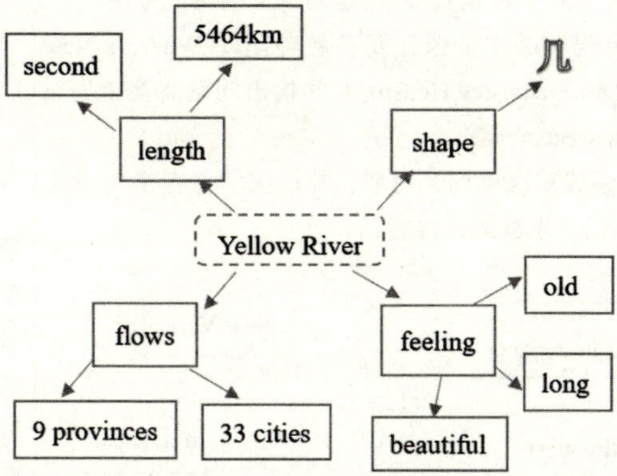	
新知呈现：构建并消化文化图式	Step 2：Presentation (15mins) Activity 1：看图预测对话人物和对话主题，引出课文图式主题 1.教师引导学生观看课文插图并谈论：Who are they? What are they talking about? (他们是谁？他们在谈论什么？) 学生回答：They are Daming and Simon. They are talking about the US and some cities，such as San Francisco，New York and Houston.（他们是 Daming and Simon。他们在谈论美国和美国的城市旧金山、纽约和休斯敦。） 2.教师引导学生参照上面的黄河图式，书写课文图式主题 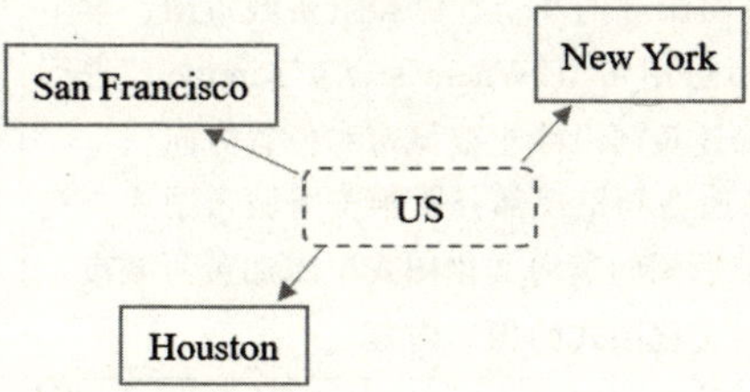	紧扣课文绘制关于课文内容的文化图式可以帮助学生更深刻地理解课文，掌握课文内容，同时有助于黄河文化图式与课文内容有机结合，消除学生对黄河文化图式的陌生感和可能的抵触

续表

教学环节	教学活动及互动方式	设计意图
新知呈现：构建并消化文化图式	Activity 2:观看视频找细节,绘制课文的图式草图 1. 学生观看课文录像，回答教师问题 Where's New York/ San Francisco/ Houston? 并找出问题答案 It's in the east/ west/ south 2.教师领读重点单词、句型，并提醒学生在文化图式上做标记，丰富图式内容 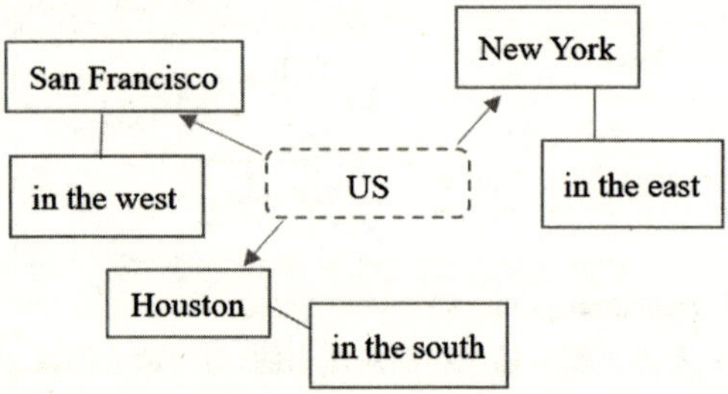 Activity 3：再次阅读课文，展示讨论，修正课文图式 学生展示自己所绘文化图式，教师点评、学生互评，重点关注城市位置的准确性。然后要求学生再次阅读课文，修正自己的文化图式	学生自己动手绘制可以增强学生的动手能力,提高参与度,激发学生思考,可以有效帮助学生掌握课文内容
活动操练：应用并完善文化图式	Step 3：Practice（5mins） Activity：讨论黄河沿线主要城市和位置，完善黄河的文化图式 1.教师展示黄河流经的 9 个省份和主要城市图，学生任意选择城市运用句型"Where's...? It's in the..."进行对话练习，描述黄河沿线主要城市和位置方向 2.引导学生参照新知呈现部分所画美国城市图式，在教师导入环节所画的黄河文化图式中添加黄河城市元素，丰富黄河文化图式的构建内容	此环节深刻体现了在课文图式基础上构建黄河文化图式的理念。将文化教学融入课本知识学习,与课本理

续表

教学环节	教学活动及互动方式	设计意图
活动操练：应用并完善文化图式	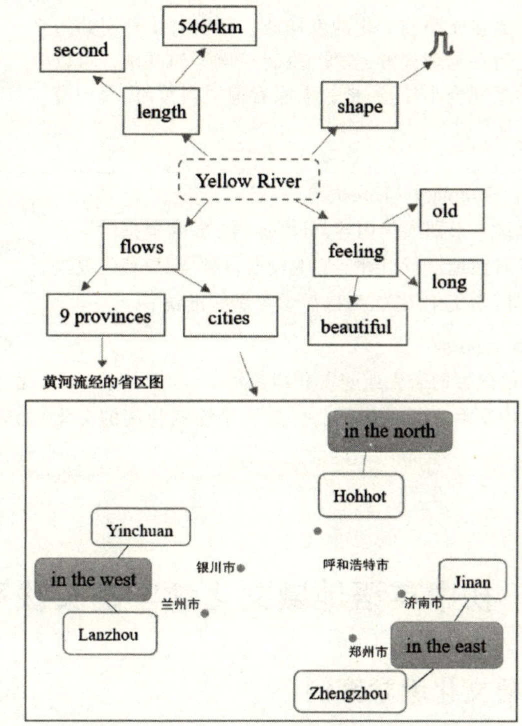	念保持一致，避免给学生造成额外的压力
巩固拓展：应用并拓展文化图式	Step 4：Consolidation （8mins） 受教学时间限制，以下两个活动只选择一个进行 Activity 1："黄河沿线城市文化游"，丰富并应用文化图式 邀请学生充当小导游，带领大家"游玩"图式呈现的黄河沿线主要城市，观看城市的风景、人文习俗、特色美食等。可以通过图片、视频、影片、课件等形式呈现 Activity 2：中美沿河城市对比，拓展并应用文化图式 教师为学生展示美国的重要河流密西西比河，这里也	将现今流行的游学融入课堂，可以有效激发学生的活动兴趣。中西方文化对比有助于学生跨文化意识的培养

续表

教学环节	教学活动及互动方式	设计意图
巩固拓展：应用并拓展文化图式	是美国诸多文明和文化的发祥地。师生对比黄河和密西西比河在地理位置、长度、流经城市等的区别。可以邀请学生充当小导游，带领大家看遍中国黄河、美国密西西比河	
总结：深化文化图式	Step 5：Summary（1mins） 师生总结本节课所学内容，分享感悟。教师根据学生表现有针对性地进行点评。学生根据自身情况，消化吸收本节课所学文化图式，为以后学习做好准备	图式条理更清晰、思路更明确
课后：感知体验文化	Activity at home 1.用英语向你的家人或朋友介绍黄河 2.查找中国和世界的大河，任选一个绘制河流的文化图式	了解关注文化，提高口语表达和查资料能力

第二节　初中英语地域文化教学的实践案例

一、齐鲁文化教学案例

初中学段的英语学习不仅限于听说，阅读和写作也是重要组成部分，词汇量和句型难度也随之上升。因此，文化教学不应再是简单的人名、地名、物产等词汇或短语的认知，而是延伸到句子、语篇、评价等深层次的理解和表达。本学段的两篇教学案例选自鲁教版初中英语教材，一篇是听说结合的阅读课教学案例，一篇是侧重读写的阅读课教学案例。两个案例均体现了挖掘教材内文化元素补充学习资料、结合词汇和句型的学习提升认识、开展专题课外活动满足学习愿望的三大特点，同时均加大了对写作表达能力的训练和提升。

表 6-2-1　初中英语齐鲁文化融合教学案例一

教材分析	本课例以鲁教版初中英语教材八年级下册 Unit 8 Section B Beauty in Common Things 为教学文本，时长 1 课时。本课围绕中心话题“beauty in common things”展开，讲述风筝、孔明灯、剪纸、泥塑等传统手工的制作，补充讲解胶东花饽饽的相关文化知识。按照先听说，再读写的顺序实施教学。课中开展多项活动和任务，同时渗透听力和阅读的学习策略，引导学生通过具体行动完成任务，结合 Section A 所学语言及知识储备来获取所需信息
学情分析	本节课的教学对象是初二学生。知识方面，他们在本单元 Section A 部分已经学习了被动语态，但还不能熟练应用。性格方面，本年龄段的学生积极回答问题的主动性有所降低，更加喜欢集体回答，口语表达机会少。因此，学生的个人口语表达能力和写作能力都需要提高，需要教师给予指导训练。在教学中，教师要有意识地培养学生的观察、思维、想象和语言组织能力，有针对性地构建语言输出的“脚手架”，帮助学生完成学习任务
教学目标	知识目标： 1.能够准确应用词汇、短语 polish，complete，heat，be seen as，be covered with，according to 等 2.能够正确熟练运用句型：They are made of... and covered with... They are seen as bright symbols of happiness. It takes several weeks to complete... 能力目标： 1.能够从听力中获取有效信息，完成阅读任务 2.能够正确运用被动语态和所学写作思路应用于自己的英语表达 情感目标： 1.培养学生在日常生活中发现美、描述美、创造美的能力 2.培养学生热爱家乡、热爱生活的情感态度 文化目标：引导学生了解更多齐鲁文化的传统艺术形式，培养学生用英语进行家乡文化传承的兴趣和能力，提升家乡文化的认同感和自豪感

续表

<table>
<tr><td>教学重难点</td><td colspan="3">教学重点：重点词汇和句型的正确使用；运用阅读策略进行有效阅读，完成阅读任务
教学难点：听力材料的处理；引导学生如何将阅读的成果应用于写作</td></tr>
<tr><td>教法</td><td>任务型教学法、归纳总结法</td><td>课型</td><td>听说阅读课</td></tr>
<tr><td>教学过程</td><td colspan="3">Step 1：Pre-listening
1.教师展示潍坊风筝节的图片，询问大家：What are these? What are they made of?（这些是什么？它们是由什么制成的？）学生根据已有知识基础，回答 They are kites. They are made of...
2.教师补充潍坊风筝节的相关文化知识：山东有一个城市被称为风筝城（鸢都），这个城市就是潍坊。潍坊风筝闻名世界，一年一度的潍坊国际风筝会（International Kites Festival）是国际风筝盛会，吸引众多国家和地区的风筝组织或个人参加。风筝会一般在每年 4 月举行，迄今为止已经成功举办 40 届，潍坊也被誉为“世界风筝之都”
【设计意图】用图片吸引学生的注意力，学生用上节课学过的词汇和短语回答问题，一是起到了复习的作用，二是引导学生自然进入课堂。同时教师的第三个问题在融合中渗透齐鲁文化，让学生发现自己家乡的美好事物，提升学生对自己家乡地域文化的认同感和自豪感
Step 2：Listening
1. Guess and Choose.（学生快速阅读课本已知选项和题干内容，预测接下来的听力主题；然后播放听力材料，完成两个题目的选择）
2. Listen and fill in the blanks.（再次播放听力材料，要求学生完成填空，培养学生对细节信息的获取）
3. Then read or retell the article according to the pictures and key words.（教师板书第二步填空题的答案，再次播放听力材料后，让学生根据板书内容复述短文）
【设计意图】根据学生的学情，该环节对课本听力题目进行了取舍，采用任务型教学法，在听力之前要求学生审题、明确任务，然后带着任务去听。通过重点词汇搭建“脚手架”，帮助学生整合听力材料后归纳复述，有利于学生英语口语的表达</td></tr>
</table>

续表

<table>
<tr>
<td>教学过程</td>
<td>Step 3：Reading
Pre-reading：Free Talk
1.在听力部分，我们已经学到了关于潍坊风筝艺术的一些知识，除了风筝艺术，山东省还有很多其他优秀美丽的传统艺术。师生谈论山东省优秀传统艺术，请学生分享自己的答案
2.教师展示山东传统艺术品的一些图片，如胶东花饽饽、淄博陶瓷琉璃等，让学生感知艺术的魅力，分享艺术带来的感受
【设计意图】通过展示多张包括胶东花饽饽和淄博陶瓷琉璃在内的齐鲁传统工艺的美图并询问学生们的感受，引发学生对美的思考，顺利将学生从情感上带入本节课的寻美之路
While-reading：Enjoy the Beauty
1.Skimming 略读阅读技巧的运用
快速阅读第一自然段，找出什么是 common things
快速阅读第二至第四自然段，找出文章讲解了哪些物品的美
【设计意图】引导学生学会发现关键词、标题和图片等重要信息，运用略读策略，快速在相应的段落查找信息，弄清文章结构
2.Scanning 细读阅读技巧的运用
Task 1：阅读填表，阅读课文第二自然段关于孔明灯的介绍，并填写表格
Inventor______　　　occasion______
Material______　　　Symbol______
Task 2：小组活动，根据表格所填内容，小组间互相介绍孔明灯的相关信息
Task 3：阅读第三自然段关于剪纸的介绍，并填写表格
<table>
<tr><td colspan="4">Paper cutting</td></tr>
<tr><td>history</td><td></td><td>occasion</td><td></td></tr>
<tr><td>material</td><td></td><td>symbol</td><td></td></tr>
</table>
Task 4：阅读最后一个自然段，记录制作泥塑艺术品的步骤
Be fired at a very high heat
Be allowed to air-dry</td>
</tr>
</table>

续表

教学过程	Be polished and painted Be shaped by hands from special clay Task 5：教师播放关于剪纸艺术、泥塑艺术等传统艺术品的制作视频，让学生充分感受中国传统艺术的魅力 【设计意图】本环节运用细节阅读技巧，继续引导学生关注关键信息，在文中找寻答案，让学生在完成各种不同形式任务的同时体会阅读的乐趣，并掌握段落的写法。采用任务型阅读的方式进行分段阅读，渗透阅读方法的应用 Post-reading：Blank-filling 1.教师引导学生总结传统艺术的介绍和表达语句，整理形成条目 介绍传统艺术可以介绍历史、材料、发明者、象征意义、制作过程等 Its history（历史）：______has been around for over______years Its material（材料）：They are made of______ Its inventor（发明者）：It was firstly used by______ The symbol（象征意义）：They are seen as______ The making procedure（制作过程）：The______are/is______at first and then are/is______. After that，it is______ 【设计意图】梳理本节课的阅读思路和写作思路，给学生提供一个明确的思维结构和写作框架，让学生明白可以从哪些方面描述一件传统艺术品 2.观看一段关于胶东花饽饽的介绍视频，学生根据上面总结的思维结构，尝试撰写介绍胶东花饽饽的小短文 3.Show Time 展示分享：展示几个同学的写作，可以投影，可以听读，并给予评价 【注意事项】在本环节中教师要在教室内不断地巡视以进行个别指导，发现学生写作中出现的错误，并及时加以提醒和纠正。写作中鼓励学生提出问题或引出更多的词汇句型，教师可板书、可指导，增加学生的语言知识储备。评价要及时、中肯 Step 4：情感教育 教师展示我们身边的家乡文化中的各种美好的艺术作品，引导学生总结出：日常生活中的普通事物也蕴含着独特的美，我们需要具备发现美、欣赏美的眼光，热爱生活，创造美丽

表 6-2-2　初中英语齐鲁文化融合教学案例二

教材分析	本课例以鲁教版初中英语七年级下册第三单元 How was your school trip? Section B2b 为教学文本，时长 2 课时。基础教育阶段英语课程的目标是培养学生综合运用语言的能力。培养阅读能力是中学英语教学的重要目的之一，是培养学生运用英语的能力的重要内容。阅读能力包括生词猜测能力、快速阅读能力、细节理解能力、结构辨析能力、归纳总结能力等
学情分析	本节课的教学对象是七年级学生，他们的记忆力、注意力等系统基本发展完善，心态也相对成熟、稳定，分析理解能力都有所提高。知识方面，学生已经掌握日记的格式和一般现在时的用法，初步接触一般过去式，但是其综合运用能力还需加强。在教学中，教师要有意识的培养学生的观察、思维、想象和语言组织能力，有针对性地构建语言输出的“脚手架”，帮助学生完成学习任务
教学目标	知识目标：通过语篇学习掌握一般过去时用法并能运用一般过去时表述学校旅行的基本情况（旅行时间，旅行地点，旅行交通工具，旅行所做事情，旅行感受等） 能力目标：能够根据阅读任务快速抓取正确的篇章信息。能够运用思维导图梳理文本框架结构，并能运用思维导图复述课文内容 情感目标：通过了解学校旅行，学习感悟旅行的快乐和收获，感受文化的熏陶和科技的进步，树立积极乐观的人生态度 文化目标：引导学生了解更多齐鲁文化景点、齐鲁文化博物馆，熟悉并沁润齐鲁文化，感受齐鲁文化的魅力，培养学生用英语传播家乡文化的兴趣和能力，提升家乡文化的认同感和自豪感
教学重难点	教学重点：准确理解和把握文章信息，能够根据阅读任务和活动获得文章信息；能够通过阅读文章发现时间脉络，并根据时间脉络进行口头描述；能够按照时间脉络梳理学校旅行的相关信息 教学难点：对于介绍旅行的话题学生并不陌生，但是对于运用一般过去时的时态和日记的格式介绍同一个旅行的不同感受，还没有足够的学习经验和运用能力。因此，在篇章意义理解的基础上，帮助学生运用思维导图梳理一般过去时的动词和感情对比的形容词是教学的难点。能够利用思维导图介绍自己的旅行经历，是本节课学生需要挑战自己的地方

续表

教学法	任务型教学法 小组合作学习法	课型	阅读课
教学过程	Step 1：Pre-reading 1.视频导入：教师播放学校旅行有关的视频，如去当地博物馆参观、制作手工艺品等，引导学生说出本节课主题“School Trip” 2.师生分享自己的旅行经历，参观的景点、博物馆等，旅行活动，旅行感受等 教师提问：What was your last school trip like? 学生运用以下句式自由回答：I went to...；That sounds... 【设计意图】通过视频导入本节课话题，激发学生兴趣，引发学生思考。帮助学生联系并激活头脑中关于旅行的图式，收集学生已知的旅行文化背景知识 2.激活已知，收集资源 PPT 呈现思考问题： Did you have a school trip? 你参加过学校旅行吗？ Where did you go? 你去过哪里？ What's your feeling of the school trip? 你的学校旅行感受如何？ 【设计意图】帮助学生激活已知，收集学生已有的关于学校旅行的信息，并在黑板上板书出来；呈现旧知，激活学生在上节课学习的一般过去时的用法 Step 2：While-reading Part 1：Fast reading to finish the following task 快速阅读，完成任务 Task 1：brainstorm 头脑风暴 PPT 上列出许多描述感受的形容词，让学生分类，哪些是描述好的感受，哪些是不好的感受？ 如：interesting，exciting，delicious...（描述好的感受） difficult，boring，terrible...（描述不好的感受） Task 2：快速阅读 Helen 和 Jim 的日记，回答下面的问题 1.Helen 和 Jim 的日记记录的是什么内容？ 2.他们两个记录的是同一个学校旅行吗？有何证据？ 3.两人对学校旅行的感受相同吗？ 学生分享答案：Helen 和 Jim 的日记谈论的是他们的学校旅行，谈论		

续表

教学过程

的是同一个旅行，因为日期相同（June 15th），旅行方式旅行地点相同（乘坐火车去的博物馆）。两人对学校旅行的感受不同，Helen 认为旅行是有趣的（interesting），Jim 认为旅行是糟糕的（terrible）

Part 2：细读课文，讲解文章具体内容。

Task 1：认真阅读课文填写表格，学生关注 Helen 和 Jim 的旅行中所做事情以及自身感受

School Trip	Helen		Jim	
	what	how	what	how
the train				
the museum				
the gift shop and gifts				

Task 2：小组合作学习填写表格内容，熟悉文章的细节内容，并进行学习成果的小组展示（这是本节课的重点内容，需要给予学生充分阅读和充分合作的时间）

Task 3：师生总结并板书课文动词短语和形容词，重点关注展示各小组在表述方式上的差别

Task 4：再次阅读课文，观察文章的脉络结构，帮助学生利用 wh-词来梳理文章脉络，建立旅行的思维导图

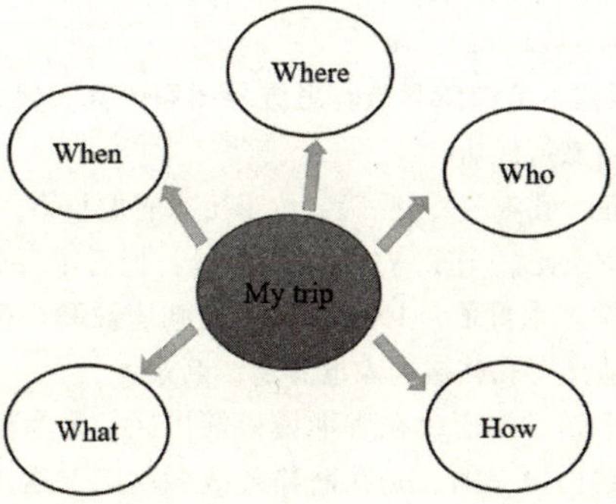

【设计意图】通过回答问题，引导学生关注更多的细节信息，建立自己的个性思维导图，学会更详细、更完善的旅行介绍结构思路，为更高

续表

教学过程	难度的语言输出建立框架，同时也帮助学生更深刻地了解旅行的意义 Part 3：合作探究，学习不规则动词的一般过去时 Task 1：group work–小组合作找出课文中一般过去时的动词并将其分为规则动词和不规则动词。教师讲解不规则动词的原形和过去时，并进行举例，帮助学生梳理语法知识点 go-went，get-got，see-saw，do-did，take-took，buy-bought... I go to school by bike everyday. I went to school on foot yesterday. 【设计意图】通过合作探究、分类整理和举例讲解，为学生的语言输出构建"脚手架"，从而减小任务难度，帮助不同学习层次的学生学习运用语法知识点 Task 2：游戏活动"I Say You Say" 教师讲解游戏规则并带领学生做"我说你说"的快速反应游戏，如"I say go，you say went"，教师说动词 go 的原形，学生快速说出动词 go 的一般过去时 went。学生初步掌握知识点后，可以升级游戏难度，同学之间做游戏，一位学生说动词原形，另一位同学说动词的一般过去时 【设计意图】通过快速反应的游戏帮助学生更好地掌握不规则动词的一般过去时，这是七年级学习的重点和难点。游戏难度的层级设计体现了从关注集体到关注个人的理念，有助于提高学生参与度，有助于知识点的查缺补漏 Step 3：Post–reading Task 1：根据本节课所学旅行思维导图和语言知识点，学生分享齐鲁文化有关的旅行经历 孔府、孔庙、孔林（"三孔"）：位于山东省曲阜市，是历代纪念孔子、儒客朝拜的圣地，国家 AAAAA 级景区，拥有丰富的珍藏文物，具有极高的科学艺术价值。1994 年孔府及孔庙被联合国教科文组织列为世界文化遗产，孔林被列入世界遗产名录 蒲松龄纪念馆：位于山东省淄博市淄川区，是为纪念世界短篇小说之王蒲松龄而设立的，是在蒲松龄故居基础上建立的，馆内陈设有蒲松龄生平展、《聊斋志异》的各种版本 临淄齐国故城：位于山东省淄博市临淄区，第一批古遗址类全国重点文物保护单位

续表

<table>
<tr>
<td>教学过程</td>
<td>
曲阜鲁国故城：位于山东省淄博市，第一批古遗址类全国重点文物保护单位
Task 2：教师展示齐鲁文化有关的博物馆，如山东博物馆、齐文化博物馆、曲阜孔子博物馆、青州博物馆、孔繁森同志纪念馆等，丰富学生对齐鲁文化知识的了解
山东博物馆：位于山东省济南市，占地约 3.4 万平方千米，馆藏历史文物 14 万余件，其中大汶口文化、龙山文化藏品丰富，如蛋壳黑陶杯（龙山文化）、红陶兽形壶（大汶口文化）等。此外，馆内藏有甲骨、商周青铜器、汉画像石、历代石刻书画等珍贵的文物
齐文化博物馆：位于山东省淄博市临淄区，建筑面积约 3.5 万平方千米，馆内陈列以齐国古都八百年的兴衰变迁为基点，包括先齐文明、西周之齐、春秋齐国、战国之齐、秦汉齐风、稷下学宫、余韵传承等部分
【设计意图】通过读后拓展应用活动，帮助学生感知齐鲁文化、沁润齐鲁文化，树立齐鲁文化自信。同时渗透如何选择旅行地点，旅行时可以选择具有文化特色的景点和博物馆，感知中国文化和世界各国文化的魅力
Task 3：学习成果展示，师生共同评价并总结旅行的表达方式和写作结构
<table>
<tr><td colspan="2">How to introduce a trip?（如何介绍旅行经历？）</td></tr>
<tr><td>Background information
背景信息</td><td>When：Date
Where：I visited____
Who：I went there with____</td></tr>
<tr><td>Experience 旅行经历</td><td>What：I saw____
I watched____
I learned____
I ate____</td></tr>
<tr><td>Feeling 旅行感悟</td><td>How：It was____
They were____</td></tr>
<tr><td>Summary 总结</td><td>All in all，____</td></tr>
</table>
【设计意图】帮助学生更好地掌握旅行类文章的表达形式和写作结构，拓展表达和写作思路，提升表达和写作能力，提升语言输出能力
Step 4：Summary
学生总结分享本节课所学内容，在总结过程中提醒学生关注为什么学校要组织旅行，PPT 呈现问题：Why do we travel?（我们为什么要旅行？）
</td>
</tr>
</table>

续表

教学过程	学生讨论后引入谚语，升华出旅行给人带来的快乐、改变和进步 Travlelers without knowledge is a bird without wings.（没有知识的旅行者是一只没有翅膀的鸟） Travel is the birthplace of true knowledge，which is the greatest.（旅行是真正的知识最伟大的发源地） 【设计意图】知识总结，深化主题，情感升华，让学生对旅行有准确的认识，感悟旅行的更深层次含义和作用，将旅行与知识学习有效结合起来 Step 5：Homework 1.运用一般过去时写一篇自己的旅行日记，尽量选择文化类的景点 2.搜集齐鲁文化有关的博物馆和旅游景点，同学之间分享 【设计意图】复习巩固本课重点句型和写作结构思路，完善课本写作任务，推动学生课下对家乡文化的进一步关注和了解

二、黄河文化教学案例

初中学段的两篇教学案例选自人教版初中英语教材，一篇是听说课教学案例，一篇是阅读课教学案例。听说课和阅读课是初中英语教学的两大重要课型，学生需要掌握相关主题的听说能力和读写能力。听说课和阅读课在文化图式构建过程中存在一定的差异：听说课重在听力材料背景文化知识的图式构建，在听的过程中以修正图式为主；阅读课除了构建阅读材料背景文化知识的图式外，重在阅读材料内容的图式构建，侧重在读中构建图式，以帮助学生理解材料、分析材料。听说课教学环节包括：听前：激活并建立文化图式；听中：修正完善文化图式；听后：应用文化图式；总结：深化文化图式；作业：拓展文化图式。阅读课教学环节包括：读前：激活并建立文化图式；读中：丰富完善文化图式；读后：消化吸收文化图式；总结：深化文化图式；作业：应用拓展文化图式。

(一) 初中英语听说课教学案例

本课例以人教版初中英语八年级下册 Unit 6 Section A An old man tried to move the mountains 为教学文本。本课的教学主题是“Stories”，重点是让学生了解中国的传统文化故事，能够听懂英语表述的中国传统文化故事，并能用英语谈论、讲述中国传统文化故事。本节课课本出现的四个故事有三个都是属于黄河文化的范畴，因此，重点是引导学生关注黄河文化，同时学会构建故事文化图式。案例主要以“愚公移山”故事为例构建文化图式，教师可以引导学生根据本节课所学图式构建方法绘制更多不同的黄河文化故事图式。

表 6-2-3　初中英语听说课黄河文化图式教学案例

教学环节	教学活动及互动方式	设计意图
听前：激活并建立文化图式	Step 1：Pre-listening（7mins） Activity 1：看图连线，为引出故事文化图式打下基础 教师展示四幅关于中国传统故事或传说的图片，学生观看图片并与所给题目连线 a—Hou Yi Shoots the Suns（后羿射日） b—Journey to the West（西游记） c—Nü Wa Repairs the Sky（女娲补天） d—Yu Gong Moves a Mountain（愚公移山）	通过观看图片，激发学生脑海中的故事文化主题
	Activity 2：故事联想，列出黄河故事文化图式草图 1.教师让学生自由介绍上面的四个故事 T：Do you know some details of the four stories? Can you choose one story to share with us? 教师关注学生讲述故事的不同主题方面，根据学生回答绘出学生的已有文化图式	学生自由介绍，引发学生关于中国传统故事的联想，激活故事文化图式

续表

教学环节	教学活动及互动方式	设计意图
听前：激活并建立文化图式	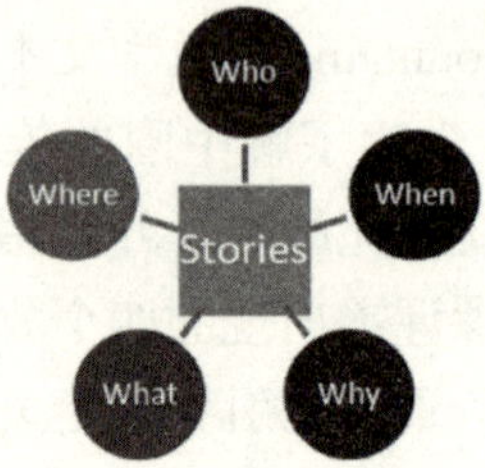 2.教师引导学生注意故事发生的时间和地区，分析以上四个故事哪些是属于黄河文化的，属于黄河文化的有：后羿射日、女娲补天、愚公移山。激发学生思考更多黄河文化的传统故事，如大禹治水、神农尝百草、精卫填海等，构建黄河文化故事图式草图 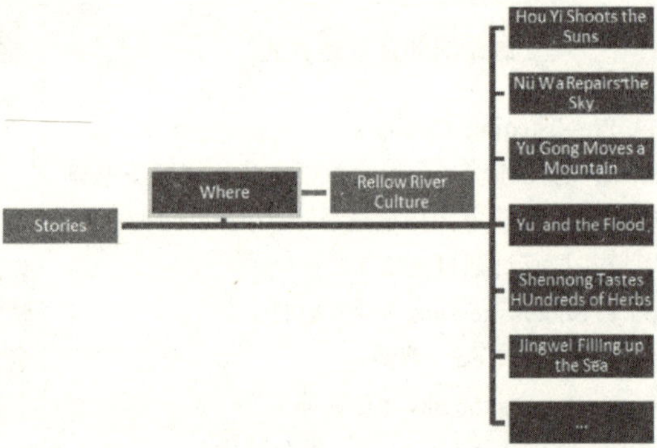 	通过对黄河文化中传统故事的引导，学生了解到课本中有三个故事属于黄河文化的内容，帮助学生对黄河故事文化形成初步认识
	Activity 3：小组合作，构建自己的故事图式草图 1.教师将学生以 4~6 人为单位分成不同小组，每个小组讨论一个黄河文化故事，利用自己的文化背景知识尝试绘制故事图式 2.小组间展示交流分享，学生借鉴学习其他组的文化图式并消化吸收，进一步激活已有文化图式，形成比较完整的文化背景图式，为下一步的听力练习打下基础	学生自己动手构建图式会对文化图式有更加深刻的印象，同时教会学生如何绘制

续表

教学环节	教学活动及互动方式	设计意图
听前：激活并建立文化图式	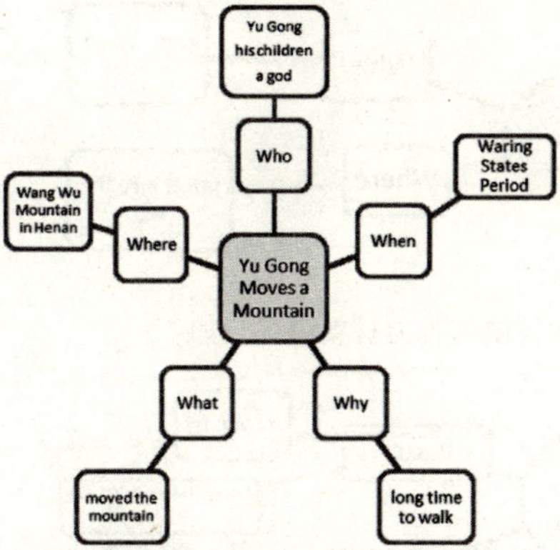	图式、利用图式
听中：修正完善文化图式	Step 2：While-listening（25mins） Activity 1：听第一遍录音，关注图式主题 1.教师播放 Anna and Wang Ming 的对话音频，引导学生运用听力策略，关注关键词（如：old man；mountains），选出音频中讨论的话题是：A very old man tried to move the mountains 2.听的过程中让学生参照文化背景图式草图，根据听力材料标出图式中包含的文化内容，从而更好地把握文章主题。此阶段学生不需要修改图式	抓关键词是重要的听力策略，通过此环节课题训练学生听力策略运用的能力，提高听力水平
	Activity 2：听第二遍录音，修正图式细节 1.看图预测：教师先让学生观看愚公移山故事的细节图片，然后预测图片的顺序 2.听音排序：播放第二遍听力材料，引导学生重点关注材料细节，并进行排序 T：Listen and number the pictures. 3.修正图式：教师要求学生根据听力材料内容修正此前所画文化图式 删除修改图式中与听力材料无关或有差异的内容，如	对细节的关注可以帮助学生更好地理解听力内容，掌握语言知识点以及对话技巧。文化图式与语言知识的结合使

续表

<table>
<tr><th>教学环节</th><th>教学活动及互动方式</th><th>设计意图</th></tr>
<tr><td>听中：修正完善文化图式</td><td>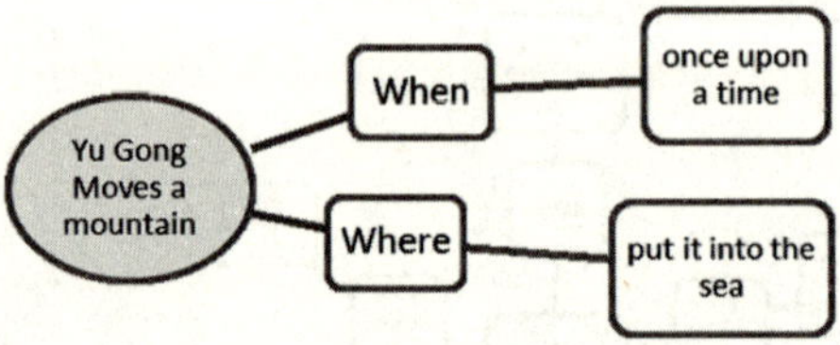

增补图式中所缺的听力材料内容，如：
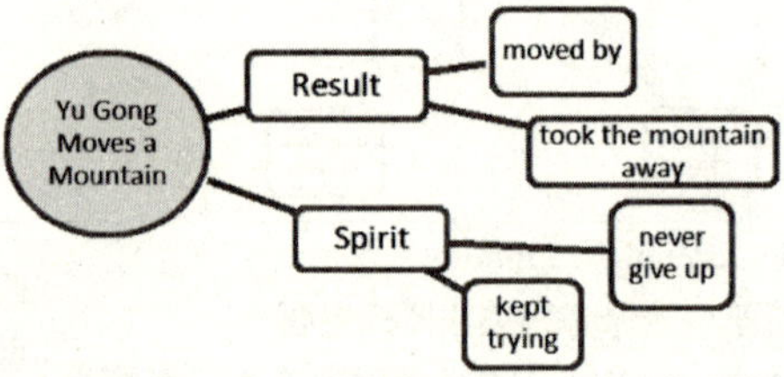
</td><td>可以有效地促进语言学习，提高学生听力能力</td></tr>
<tr><td></td><td>Activity 3：听第三遍录音，完善图式内容
教师播放第三遍听力材料，在此期间学生再次确认自己修改后的图式是否与听力一致。教师对学生的修正内容进行汇总强调，并指出学生修正图式的偏差，引导学生完成图式修正图
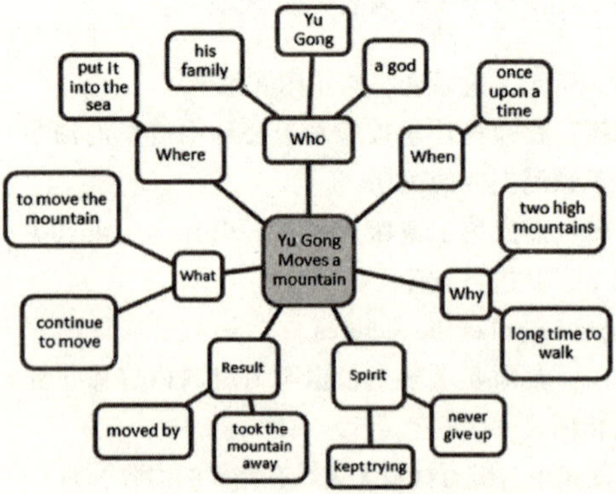
</td><td>同一材料反复听，每次关注点不同、任务不同，这样的教学策略可以帮助学生学会抓核心，提高学生做题能力，有助于学生听力水平的提高</td></tr>
</table>

续表

教学环节	教学活动及互动方式	设计意图
听后：应用文化图式	Step 3：Post-listening（8mins） Activity1：根据图式复述故事 教师引导学生利用故事文化图式复述课文，可以邀请学生代表讲述或小组内互相检查 Activity2：故事表演 教师邀请学生分角色进行故事表演，注重故事的连贯性、生动性、活泼性，同时对学生的表现进行积极的评价	多给予学生表演和口语表达的机会，利用文化图式促进语言知识学习，提高学生听力水平
总结：深化文化图式	Step 4：Summary 1.邀请学生总结本节课所学内容、绘图感受，消化吸收本节课所学文化图式 2.教师总结反思教学中的长处、短处，针对学生表现优化课程设计，设计针对性的文化图式作业	学生总结会更有利于图式的消化吸收及教学策略的优化
作业：拓展文化图式	Step 5：Homework 创造新的黄河文化故事图式，录制讲故事视频	学以致用，提高图式创造能力

（二）初中英语阅读课教学案例

本课例以人教版九年级全一册 Unit9 I like music that I can dance to Section B Sad but beautiful 为教学文本。本课主要讲述的是中国传统民间二胡音乐《二泉映月》和音乐创作者的故事。音乐创作者凄惨悲凉的人生经历和积极乐观的生活态度造就了《二泉映月》悲伤美丽的音乐旋律。故事凄美感人，动人心魄，具有丰富的文化教育价值。传统民间音乐是黄河文化的重要组成部分，黄河由于其流经地形的复杂性和历史的丰富性诞生了无数脍炙人口的民间音乐，也是中国诸多民间乐器的产生地。因此，构建黄河文化的音乐图式具有比较重要的参考价值。案例设计紧扣课文内容，重在帮助学生利用图式深入理解课文，同时利用图式拓展民间音乐的相关背景文化知识。

表 6-2-4 初中英语阅读课黄河文化图式教学案例

教学环节	教学活动及互动方式	设计意图
读前：激活并建立文化图式	Step 1：Lead-in （7mins） Activity 1：欣赏音乐预测话题，引出图式主题“民间音乐文化” 1.教师播放几段中国民间音乐视频，学生在欣赏音乐魅力的同时猜测本节课学习的内容与中国民间音乐有关 2.教师在黑板上板书核心词汇：Chinese folk Music Chinese folk Music	通过音乐欣赏让学生感受中国民间音乐的魅力，树立文化自信，激发学生学习本课话题的兴趣
	Activity 2：问题讨论发散思维，激活民间音乐的文化图式 1.学生思考与民间音乐有关的问题，并展开自由讨论 (1) 你了解中国的民间音乐吗？ (2) 你能列举几首民间乐曲吗？你知道这些乐曲的起源、创作背景吗？ (3) 你能列举一些中国的民族乐器吗？ 2.教师板书学生回答中的关键词汇，绘制学生已激活的民间音乐文化图式	通过问题讨论激发学生动脑思考，展开联想发散思维，挖掘学生已知的关于中国民间音乐文化的知识，激活学生已有的音乐文化图式

续表

<table>
<tr><th>教学环节</th><th>教学活动及互动方式</th><th>设计意图</th></tr>
<tr><td rowspan="2">读前：激活并建立文化图式</td><td>
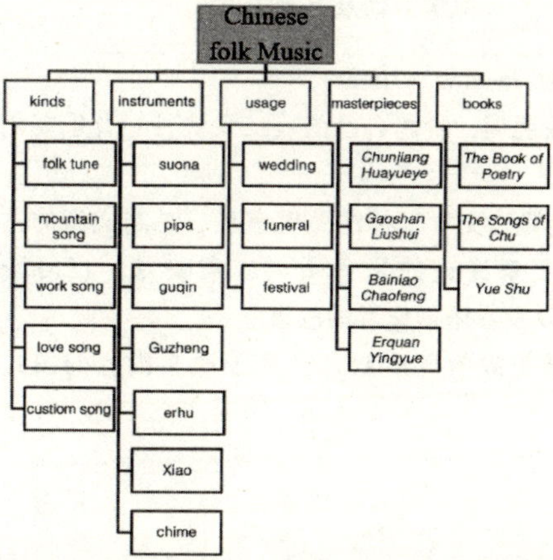

</td><td></td></tr>
<tr><td>Activity 3：聚焦黄河文化，搭建黄河音乐的文化图式
教师引导从音乐发散到音乐的产生背景、产生地域、产生时间、作用及用途等。中国的传统民间音乐很多来自黄河流域，引导学生思考区分哪些民间音乐是与黄河流域紧密相关的，并用不同颜色进行标注。同学们通过思考发现，几乎所有的古典乐器都与黄河文化密不可分，各种音乐形式也都在黄河流域流行传播
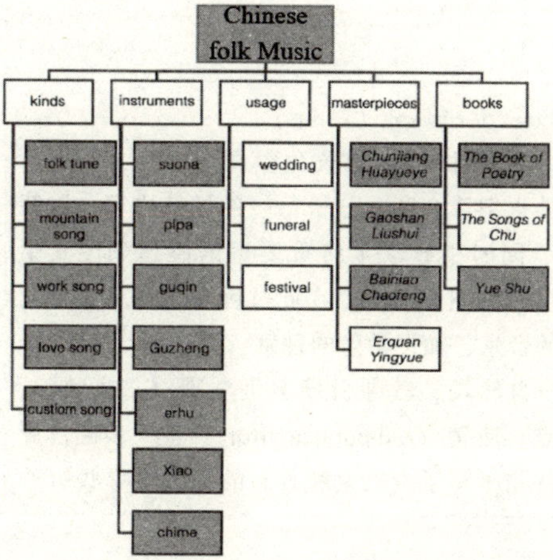

</td><td>从思维发散到重点聚焦，引导学生重点关注黄河流域产生的音乐文化，对黄河音乐文化形成有初步认识</td></tr>
</table>

续表

教学环节	教学活动及互动方式	设计意图
读中： 丰富完善文化图式	Step 2：Fast-reading（7mins） 快速寻找关键词，绘制自己的《二泉映月》音乐文化草图 1.学生快速阅读文章，标注关键信息，总结文章的主要内容：文章谈论的是音乐《二泉映月》（*Erquan Yingyue*）以及音乐创作者的故事 2.学生根据关键信息绘制自己关于课文内容的图式草图 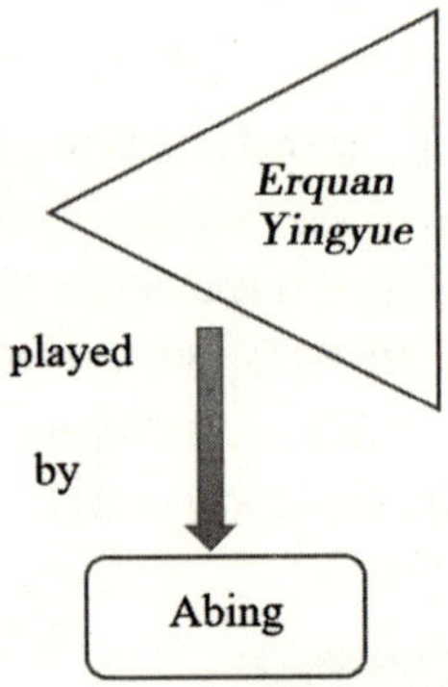 	关注文章主题，培养学生快速抓关键词的能力，提高阅读速度。同时绘制文化图式草图可以让学生一目了然地掌握文章主要内容，形成结构意识和整体思维
	Step 3：Detailed-reading（7mins） Activity 1：细节阅读，丰富文化图式 教师带领学生细读文章，分析每段的细节内容，讲解重要短语，同时引导学生将重要短语添加到图式里面，进一步丰富细节词汇。在此过程中可以欣赏《二泉映月》的音乐，加强学生的理解 1.阅读第一自然段，教师引导学生发现《二泉映月》音乐的特点：凄美（sad but beautiful），进一步阅读课文画出哪些句子写了《二泉映月》的悲凄，哪些句子	通过丰富、修正、完善文化图式三步骤将课文内容学习与文化图式建设有机结合在一起，解决教师苦恼

续表

教学环节	教学活动及互动方式	设计意图
读中：丰富完善文化图式	写了音乐的美 2.教师播放《二泉映月》的音乐，学生认真聆听音乐，体验音乐的凄美之情 3.根据课本描述和自己的感受，学生绘制《二泉映月》音乐的思维导图 4.启发学生思考为什么《二泉映月》是凄美的。这与创作者的人生经历密不可分，引出创作者的人生经历 5.阅读第二、三自然段，总结创作者的人生特点：贫穷而又积极（poor but positive）。创作者经历了很多人生苦难，但一直积极乐观地克服困难，在音乐方面取得了重大成就，创作了很多伟大的音乐作品 6.进一步细读第二、三自然段，找出描述创作者人生困难经历的句子（如：His father died...；His life grow worse...；He developed serious illness...）和描述音乐成就的句子（如：He play many musical instruments...；He could play over 600 pieces of music...） 7.根据课本内容，学生绘制创作者的思维导图，并尝试将两部分思维导图融为一体 Activity 2：分享交流，修正文化图式 学生分享自己绘制的文化图式，教师评析学生文化图式的优缺点，重点关注图式内容要点和思路清晰度。通过对学生理解困难点的重点分析，帮助学生更好地理解课文。在此过程中，学生根据教师意见，借鉴他人成果，进一步修正自己的文化图式	的授课时间紧张、知识教学与文化教学难以平衡的难题。一方面，文化图式帮助学生更好地理解课文，将课文分散的语言知识点整合在一起，可以有效提高学生的记忆效果；另一方面，学生形成图式思维可以更好地分析文章，为阅读能力的提高以及写作能力的提高打下基础

续表

教学环节	教学活动及互动方式	设计意图
读中：丰富完善文化图式	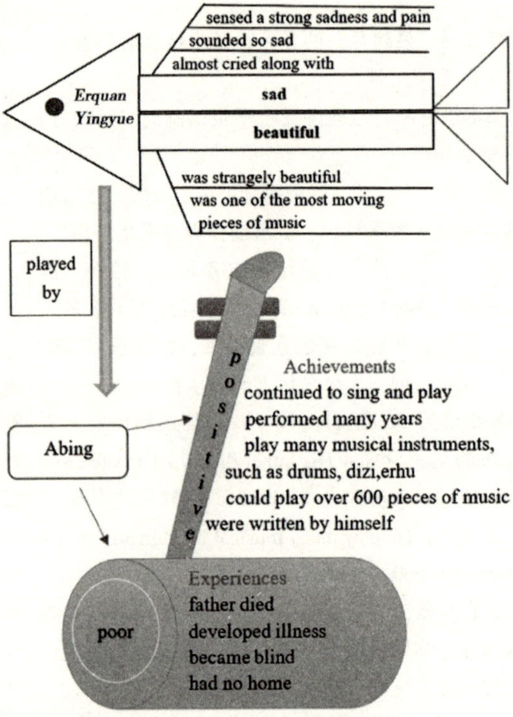 Activity 3：再次阅读，完善文化图式 学生对照自己绘制的文化图式再次阅读文章，查看细节，强化自己的特色，进一步完善优化自己的文化图式。如有的同学增加创作者的出生地和出生时间等：Abing was born in Wuxi in 1893。强调学生的个性化特色	
读后：消化吸收文化图式	Step 4：Post-reading （7mins） Activity 1：利用文化图式复述课文 1.学生利用绘制的文化图式快速复述课文大意，可以采用小组内分享、上台展示等形式。比赛看谁讲解得	利用图式复述课文可以显著提高学生背诵课文

续表

教学环节	教学活动及互动方式	设计意图
读后：消化吸收文化图式	更全面、更详细 2.授课时间紧张的情况下，可以采用故事接龙游戏复述课文。每个同学复述故事或图式的一个要点，最后连成整篇故事。可以让更多的学生参与到活动中来。 Activity 2：黄河音乐分享会 师生分享自己准备的关于黄河音乐文化的视频或故事。如黄河船工号子、陕北民歌、歌曲《黄河大合唱》、泰山挑山工号子等	的能力，树立学习自信心，为图式教学赢得认可和支持。通过感受黄河地域音乐文化魅力激发学生热爱黄河文化之情
总结：深化文化图式	Step 5：Summary 1.学生总结本节课所学内容，深化所学文化图式，为今后激活新图式打下基础 2.教师点评总结学生的亮点和待进步的地方，有针对性地提出建议	总结利弊，积累经验，助力教学质量的提高
作业：应用拓展文化图式	Step 6：Homework 1.利用文化图式背出整篇课文 2.查找黄河民间音乐文化资料，创造新的黄河民间音乐文化图式，下节课分享交流	同时关注语言知识学习和文化知识拓展

参 考 文 献

著作类：

[1]朱静.文化传播视角下英汉翻译理论与实践的再探索[M].长春：吉林大学出版社，2020.

[2]陈静波.义务教育课程标准(2011 版)案例式解读：小学英语[M].北京：教育科学出版社，2012.

[3]杜时忠.人文教育论[M].南京：江苏教育出版社，1999.

[4]葛剑雄.黄河与中华文明[M].北京：中华书局，2020.

[5]胡文仲. 跨文化交际学概论[M].北京：外语教学与研究出版社，1999.

[6]克拉姆.语言与文化[M].上海：上海外语教育出版社，2000.

[7]李新泰.齐文化大观[M].北京：中共中央党校出版社，1992.

[8]逄振镐.齐鲁文化研究[M].济南：齐鲁书社，2010.

[9]齐文化研究院.齐文化外宣读本[M].济南：山东人民出版社，2020.

[10]王淑杰.当代国际小学外语理论发展研究[M].广州：中山大学出版社，2009.

[11]王志民.黄河文化通览[M].北京：中华书局，2022.

[12]叶孟理,李锐.人文科学概论[M].南京:南京大学出版社,2002.
[13]俞晓群.中国地域文化丛书[M].沈阳:辽宁教育出版社,1998.
[14]郑玉琪,等.英语教学理论范式嬗变与重构[M].南京:东南大学出版社,2017.

论文集:

[1]王福祥,吴汉樱.文化与语言[C].北京:北京外语教学与研究出版社,1998.

期刊类:

[1]白雪.地域文化视域下的对外汉语教学研究:以泰山文化为例[J].文化创新比较研究,2020,4(16).
[2]陈美慧.浅谈对小学英语人文性的思考与践行[J].基础教育研究,2014(5).
[3]窦晓佳.基于体认语言学背景下高校大学英语教学与地域文化的融合[J].景德镇学院学报,2022,37(5).
[4]郭平,赵德会,秦金红.以齐鲁文化为核心的本土文化在大学英语教学中的渗透研究[J].课程教育研究,2018(15).
[5]李晓娟,邢恩慧.文化软实力建设背景下的大学英语教学与中国本土文化[J].语文学刊(外语教育教学),2019(5).
[6]刘明东,刘宽平.图式翻译漫谈[J].外语教学,2004(4).
[7]刘雪琦,郭丽莉.方言及地域文化与对外汉语教学[J].文学教育(下),2020(6).
[8]马艳彬.黄河文化融入高职公共英语教学的实践研究[J].河南司法警官职业学院学报,2022,20(2).
[9]那丽芳.中国本土文化在大学英语课堂教学中的渗透:以一

节综合英语课为例[J].文山学院学报,2019(2).
[10]钱伊琳.如何在小学英语教学中进行文化意识的渗透教育[J].现代阅读,2013(2).
[11]盛慧.成果导向教育理念指导下中国地域文化融入高校英语课程建设的实践研究：以徐州地域文化故事双语课程为例[J].开封文化艺术职业学院学报,2020,40(11).
[12]孙卓敏.文化图式在跨文化外语教学中的构建策略[J].黑龙江高教研究,2014(6).
[13]许菲菲,刘明东,唐文杰,等.小学英语教学中的“双文化图式”构建[J].中小学英语教学与研究,2015.
[14]叶发静.“技能英语”在左,“人文英语”在右[J].基础教育研究,2013(6).
[15]尹青.高职英语教学中的国学文化图式构建[J].教育与职业,2018(15).
[16]张国庆.山东地域文化资源融入高校思想政治理论课的探析:以山东科技大学为例[J].现代商贸工业,2022,43(23).
[17]张蕾.山东大学生齐鲁文化英语表达能力调查及提升路径研究[J].文化创新比较研究,2021,5(30).
[18]张岂之.关于教育人文观的思索[J].高等教育研究,2000(6).
[19]章柏成.中国外语教育中的人文教育研究:现状、局限与展望[J].教育与教学研究,2011(25).
[20]赵昭仪.高职英语教学融入特色地域文化的路径研究[J].中国多媒体与网络教学学报(中旬刊),2022(8).
[21]郑卓琼.文化图式理论在高中英语阅读理解教学中的应用探讨[J].中学生英语,2021(22).

学位论文类：

[1]陈文明.小学英语教学人文性的缺失与回归[D].南京：南京师范大学，2016.

[2]陈樾.地域文化特色坭兴陶艺术介入小学美育教具设计研究[D].桂林：广西师范大学，2022.

[3]付琳琳.人教版和外研版初中英语教材文化内容比较研究[D].聊城：聊城大学，2022.

[4]葛圣心.地域文化视角下部编版初中语文教材研究[D].长春：吉林大学，2020.

[5]郝焕香.当代中小学英语教师人文素养研究[D].上海：华东师范大学，2009.

[6]黄慧.赣南客家传统服饰文化中的乡土地理课程资源开发与应用[D].重庆：西南大学，2021.

[7]李恩红.论英语课程的文化品格[D].重庆：西南大学，2012.

[8]李艳萍.文化图式建构模式下的初中英语文化教学的研究[D].石家庄：河北师范大学，2007.

[9]刘劲桦.在初中英语教学中渗入人文教育的探究[D].上海：华东师范大学，2010.

[10]刘坤.汉英文化语义对比与汉语文化观念图式的构建[D].西安：西安外国语大学，2013.

[11]刘婉婷.小学英语教学的人文性困境研究[D].成都：四川师范大学，2018.

[12]税红.文化图式理论在高中英语文化教学中的运用[D].成都：四川师范大学，2017.

[13]孙萌萌.人教版初中英语教材中的中国文化研究[D].宁波：宁波大学，2020.

[14]魏丽.大学英语教学中大学生文化图式构建的研究[D].济南:山东师范大学,2007.

[15]邬倩.基于乡土地理课程资源的高中人文地理教学案例设计研究[D].呼和浩特:内蒙古师范大学,2022.

[16]张家雯.日本和新加坡中小学文化传统教育比较研究[D].金华:浙江师范大学,2020.

[17]张倩.人教(精通版)小学英语教科书中文化内容研究[D].天津:天津师范大学,2020.

[18]张维维.初中英语教科书设计的文化研究[D].重庆:西南大学,2007.

标准:

[1]中华人民共和国教育部.义务教育英语课程标准(2011 年版)[S].北京:北京师范大学出版社,2012.

[2]中华人民共和国教育部.义务教育英语课程标准(2022 年版)[S].北京:北京师范大学出版社,2022.

报纸:

[1]李立新.深刻理解黄河文化的内涵与特征[N].中国社会科学报,2020-09-22.

附 录 一

中小学英语教学与地域文化的融合现状调查问卷（学生问卷）

亲爱的同学：

此调查问卷的设计只是为了了解你在英语学习过程中的一些基本情况。本问卷采用匿名的形式，答案无对错之分，请根据你的真实想法完成问卷。我们将根据对调查结果的分析，提出相应的教学与学习建议，以促进英语语言学习。你的真诚合作将给我们的研究带来很大帮助，谢谢！

第一部分：

请你将以下有关中国文化的词汇翻译成英语，如有不清楚的请填写：不清楚。

1.黄河________

2.饺子________

3.陶瓷________

4.少林寺________

5.泰山________

请你将以下有关中国文化的词汇翻译成中文，如有不清楚的请填写：不清楚。

1.Confucius________

2.compass________

3.Emperor________

4.chopsticks________

5.Tang Dynasty________

第二部分：

1.你觉得学习英语最重要的是（　　）

A.为了通过考试　　B.为了提高自己的语言能力

C.为了与外国人交流　　D.为了了解西方国家文化

E.为了将来找工作　　F.其他

2.你了解自己当地的地域文化吗？（　　）

A.非常了解　　B.比较了解　　C.一般了解

D.有点了解　　E.完全不了解

3.你能用英语介绍自己当地的地域文化吗？（　　）

A.能详细介绍　　B.能一般介绍

C.能简单介绍　　D.不能介绍

4.你对学习用英语表达自己当地的地域文化（　　）

A.兴趣浓厚　　B.较有兴趣　　C.兴趣一般

D.兴趣不大　　E.不感兴趣

5.你认为学习用英语表达自己当地的地域文化（　　）

A.有很大用处　　B.有较大用处　　C.用处一般

D.用处不大　　E.没有用处

6.你认为英语学习中遇到的中国传统文化的信息（　　）

A.非常多　　B.比较多　　C.一般

D.比较少　　E.非常少

7.你认为英语考试中涉及中国传统文化的内容（　　）

A.非常多　　B.比较多　　C.一般

D.比较少　　E.非常少

8.你平时接触用英语表达中国传统文化的主要来源是（　　）

A.英语课　　B.书籍、报纸、杂志

C.电视、电影、广播　　D.互联网

E.景区、博物馆、车站等公共场所

9.你在英语学习中遇到不熟悉的中国传统文化元素时会（　　）

A.根据上下文猜测　　B.向老师请教

C.查阅相关资料　　D.跳过去不理它

10.你会用学过的文化背景知识来理解英语材料吗？（　　）

A.总是　　B.经常　　C.一般　　D.很少　　E.从不

11.你的英语老师在课堂上讲到中国地域文化的次数？（　　）

A.很多　　B.比较多　　C.一般

D.比较少　　E.非常少

12.在英语课堂上，你的老师是用什么方式介绍我国的地域文化的？（多选题）（　　）

A.主动引导学生学习文化知识和比较中西方文化异同

B.回答学生提出的文化困惑

C.在词汇教学、语法教学、阅读教学等过程中进行

D.给学生推荐文化阅读材料，布置与文化相关的信息搜索作业

E.通过角色扮演、讨论、演讲比赛等活动让学生参与其中，丰富文化知识

F.其他方式________

13.如果在课堂上学习中国地域文化的英语表达，你希望老师采用什么形式？（多选题）（　　）

A.结合语言知识点，通过单词、短语、课文等讲解

B.介绍课文相关的文化背景知识

C.通过对比中国文化与英美文化的不同

D.通过参与活动如角色扮演、情景对话、讨论等

E.其他方式________

14.你目前所处的学段是(　　)

A.小学　　B.初中

附 录 二

中小学英语教学与地域文化的融合现状调查问卷（教师问卷）

亲爱的老师：

为了了解中小学英语教学的实际情况，特进行此次问卷调查，我们将根据对调查结果的分析，提出相应的教学与学习建议，以促进英语语言学习。本问卷采用匿名的形式，答案无对错之分。您的真诚合作将给我们的研究带来很大帮助，谢谢！

1.您认为英语教学的最重要目的是（　　）

A.掌握单词、语法、句子

B.提高学生的应试能力

C.培养学生听、说、读、写的基本技能

D.掌握语言知识与文化知识，培养学生综合素质

E.了解中西方文化，提高跨文化交际能力

2.您认为英语课中，语言内容和文化内容的重要程度是（　　）

A.语言教学更重要　　B.文化教学更重要

C.同样重要　　D.不清楚

3.您认为英语教学中语言知识和文化知识相结合的重要程

度是（　　）

A.非常重要　　B.比较重要　　C.一般重要

D.不太重要　　E.不重要

4.您认为对文化的了解是否有助于促进英语语言学习？（　　）

A.帮助很大　　B.帮助比较大　　C.帮助一般

D.帮助不大　　E.没有帮助

5.您了解自己当地的地域文化的内容吗？（　　）

A.非常了解　　B.比较了解　　C.一般了解

D.不太了解　　E.不了解

6.您能用英文介绍自己当地的地域文化吗？（　　）

A.能详细介绍　　B.能一般介绍

C.能简单介绍　　D.不能介绍

7.您认为学习用英语表达中国地域文化（　　）

A.有很大用处　　B.有较大用处　　C.用处一般

D.用处不大　　E.没有用处

8.您是否愿意在英语课堂中尝试融入地域文化的教学？（　　）

A.非常愿意　　B.比较愿意　　C.一般愿意

D.不太愿意　　E.不愿意

9.您认为哪种方式能够改善外语教育中的中国地域文化教学？（多选题）（　　）

A.提高教师文化素养和文化授课能力

B.改革测试方式和中考选拔方式，将中国文化英语表达能力纳入英语考核指标

C.选择能将语言教学和中外文化结合在一起的教材

D.利用图表、思维导图等帮助学生理解地域文化

E.举办各种主题活动，提高学生学习兴趣

F.其他________

10.您认为英语教材中有关中国文化的介绍所占比重如何？（　　）

A.非常大　　B.比较大　　C.正合适

D.比较小　　E.非常小

11.您认为目前英语考试中涉及中国文化的所占比重如何？（　　）

A.非常大　　B.比较大　　C.正合适

D.比较小　　E.非常小

12.您在英语教学中对中国文化的介绍（　　）

A.非常多　　B.比较多　　C.一般

D.比较少　　E.非常少

13.您对自己文化教学能力的满意程度是（　　）

A.非常满意　　B.比较满意　　C.一般满意

D.不太满意　　E.很不满意

14.有关文化教学方面的培训和指导，您觉得自己（　　）

A.非常需要　　B.比较需要　　C.一般需要

D.不太需要　　E.不需要

15.您主要是通过什么方式实施文化教学的？（多选题）（　　）

A.主动引导学生学习文化知识和比较中西方文化异同

B.回答学生提出的文化困惑

C.在词汇教学、语法教学、阅读教学等过程中进行

D.给学生推荐文化阅读材料，布置与文化相关的信息搜索作业

E.通过角色扮演、讨论、演讲比赛等活动让学生参与其

中，丰富文化知识

F.其他方式________

16.您任教的学段是(　　)

A.小学　　B.初中

17.您的教龄(　　)

A.5 年以内　　B.5~10 年

C.11~20 年　　D.20 年以上

附 录 三

中小学英语课堂地域文化教学访谈提纲

问题 1：《义务教育英语课程标准（2011）》提出义务教育阶段的英语课程具有工具性和人文性双重性质。您是如何理解英语人文性这一概念的？您认为重视英语人文性对于中小学英语课堂来说有必要吗？为什么？

问题 2：《义务教育英语课程标准（2022）》提出核心素养是课程育人价值的集中体现，英语课程要培养的学生核心素养包含语言能力、文化意识、思维品质、学习能力四个方面。请问您是怎么理解“核心素养”这一概念的？您是如何培养学生的核心素养的，尤其是培养学生的文化意识的？

问题 3：请您谈一谈印象比较深刻的英语国家的文化、习俗、习语等。您在课堂上愿意跟您的学生分享交流这些内容吗？为什么？

问题 4：请您用英语介绍学校所在地或自己家乡的风俗习惯、特色饮食、文化特色等。您在课堂上会主动跟您的学生分享交流这些内容吗？为什么？

问题 5：您认为当前中小学英语教学与地域文化融合现状如何？融合教学过程中存在哪些实际困难？如何提高地域文化与中小学英语的融合教学效果？

附 录 四

中小学英语文化教学课堂观察表

<table>
<tr><td colspan="2">观察者</td><td colspan="2">被观察老师</td><td colspan="2">本课课题</td></tr>
<tr><td colspan="2"></td><td colspan="2"></td><td colspan="2"></td></tr>
<tr><td>观察项目
及数量</td><td>序号</td><td>时间</td><td>观察到的事件</td><td>蕴含的文化内容</td><td>教学活动的
文化体现</td></tr>
<tr><td>文化知识
共____次</td><td>1.
2.
3.</td><td></td><td></td><td></td><td></td></tr>
<tr><td>文化精神
共____次</td><td>1.
2.
3.</td><td></td><td></td><td></td><td></td></tr>
<tr><td>文化行为
共____次</td><td>1.
2.
3.</td><td></td><td></td><td></td><td></td></tr>
</table>

附 录 五

中小学英语教学与齐鲁文化的融合现状调查问卷（教师问卷）

亲爱的老师：

为了了解中小学英语教学与齐鲁文化的融合现状，特进行此次问卷调查。本问卷采用匿名的形式，答案无对错之分，请根据您的实际情况进行填写。谢谢！

1.您认为中小学英语教学是否需要教师具备较高的齐鲁文化素养？（　　）

A.非常需要　　B.需要

C.不需要　　D.不清楚

2.您认为自己的齐鲁文化素养如何？（　　）

A.精通　　B.了解很多

C.一知半解　　D.完全不了解

3.您认为齐鲁文化与中小学英语融合的重要性是（　　）

A.非常重要　　B.重要

C.不了解，无所谓　　D.不重要

4.您对齐鲁文化感兴趣吗？（　　）

A.完全没感觉　　B.工作需要，兴趣不大

C.一般，并不特别爱好　　D.非常感兴趣，是个人爱好之一

5.您为什么学习齐鲁文化？（ ）

A.兴趣爱好 B.被动接受

C.学习为人处世 D.不知道

6.您平时是如何提升自己的齐鲁文化素养的？（ ）

A.自学（网络媒体等） B.集体研讨

C.专题讲座 D.继续教育

7.您是从哪些渠道了解齐鲁文化的？（可多选）（ ）

A.电视传媒 B.书籍报纸

C.网络 D.社会活动

E.课堂教学 F.其他________

8.您平时有关齐鲁文化学习的效果如何？（ ）

A.很好 B.一般

C.不好 D.不好确定

9.您在提升自己齐鲁文化素养的学习中遇到的困难有哪些？（ ）

A.缺乏合适的齐鲁文化教材 B.时间不充分

C.没有权威科学的指导 D.学习动力和积极性不足

10.您在英语教学中遇到的齐鲁文化传承方面的困难有哪些？（可多选）（ ）

A.自己齐鲁文化知识储备不够

B.授课方式单一，不够多样化

C.作业设计不够新颖灵活

D.教学内容枯燥乏味

附 录 六

中小学生齐鲁文化英语
表达能力调查问卷（学生问卷）

亲爱的同学：

此次问卷调查是为了了解你在英语学习过程中的一些基本情况。本问卷采用匿名形式，请根据你的真实想法完成问卷。我们将根据对调查结果的分析，提出相应的教学与学习建议，以促进英语语言学习。你的真诚合作将给我们的研究带来很大帮助，谢谢！

第一部分：

请回答以下有关齐鲁文化的问题，有不清楚的请填写：不清楚。(小学卷)

1. Mountain Tai 指的是________。
2. Wei Fang Kites 指的是________。
3. Tsingtao Beer 指的是________。
4. Spring City 指的是山东哪个城市？ ________。
5. Confucius 指的是________。

请你将以下有关齐鲁文化的表达译成英文。(中学卷)

1. 泰山
2. 潍坊风筝节

3. 青岛啤酒

4. 孔孟之乡

5. 济南被称为泉城

第二部分：

1.你认为学习用英语表达齐鲁文化(　　)

A.有很大用处　　B.有较大用处　　C.用处一般

D.用处不大　　E.没有用处

2.你对学习用英语表达齐鲁文化(　　)

A.兴趣浓厚　　B.较有兴趣　　C.兴趣一般

D.兴趣不大　　E.不感兴趣

附 录 七

中小学英语教学与黄河文化的融合现状调查问卷（学生问卷）

亲爱的同学：

此调查问卷的设计只是为了了解你在英语学习过程中的一些基本情况。本问卷采用匿名的形式，答案无对错之分，请根据你的真实想法完成问卷。我们将根据对调查结果的分析，提出相应的教学与学习建议，以促进英语语言学习。你的真诚合作将给我们的研究带来很大帮助，谢谢！

黄河文化指黄河流域产生、发展的物质文化和精神文化的总和。黄河历史就是一部浓缩的中华文明史。

1.你能用英语介绍我们的母亲河——黄河吗？（　　）

A.能详细介绍　　B.能一般介绍

C.能简单介绍　　D.不能介绍

2.你了解黄河的地理、历史、风俗、文化吗？（　　）

A.非常了解　　B.比较了解　　C.一般了解

D.有点了解　　E.完全不了解

3.你对学习用英语表达黄河文化（　　）

A.兴趣浓厚　　B.较有兴趣　　C.兴趣一般

D.兴趣不大　　E.不感兴趣

4.你认为学习用英语表达黄河文化（　　）

A.有很大用处　　B.有较大用处　　C.用处一般

D.用处不大　　E.没有用处

5.你平时接触用英语表达黄河文化的主要来源是(　　)

A.英语课　　B.书籍、报纸、杂志

C.电视、电影、广播　D.互联网

E.景区、博物馆、车站等公共场所

6.你会用学过的文化背景知识来理解英语材料吗？（　　）

A.总是　　B.经常　　C.一般

D.很少　　E.从不

7.你的老师会提供相关图式（图表、思维导图等）帮助你理解英语材料吗？（　　）

A.总是会　　B.经常会　　C.一般会

D.偶尔会　　E.不会

8.你觉得老师提供的图式（图表、思维导图等）能帮助你更好地理解、复述英语材料吗？（　　）

A.有很大帮助　　B.有较大帮助　　C.帮助一般

D.帮助不大　　E.没有帮助

9.如果在课堂上学习黄河文化的英语表达，你希望老师采用什么形式？(多选题)（　　）

A.结合语言知识点，通过单词、短语、课文等讲解

B.介绍课文相关的文化背景知识

C.通过对比中国文化与英美文化的不同

D.通过参与活动如角色扮演、情景对话、讨论等

E.其他方式________

10.你目前所处的学段是(　　)

A.小学　　B.初中

附 录 八

中小学英语教学与黄河文化的融合现状调查问卷（教师问卷）

亲爱的老师：

此次问卷调查是为了了解中小学英语教学的实际情况，我们将根据对调查结果的分析，提出相应的教学与学习建议，以促进英语语言学习。本问卷采用匿名的形式，答案无对错之分。您的真诚合作将给我们的研究带来很大帮助，谢谢！

1.您了解黄河文化的内容吗？（　　）

A.非常了解　　B.比较了解　　C.一般了解

D.不太了解　　E.不了解

2.您认为学习用英语表达黄河文化（　　）

A.有很大用处　　B.有较大用处　　C.用处一般

D.用处不大　　E.没有用处

3.您能用英文介绍黄河的地理、历史、风俗、文化吗？（　　）

A.能详细介绍　　B.能一般介绍

C.能简单介绍　　D.不能介绍

4.您是否愿意在英语课堂中尝试融入黄河文化的教学？（ ）

A.非常愿意　　B.比较愿意　　C.一般愿意

D.不太愿意　　E.不愿意

5.您认为在英语教学中融入黄河文化的主要困难是什么？（多选题）（ ）

A.教材涉及的黄河文化知识信息少，难以进行文化教学

B.考试中很少考有关中国文化知识，讲了没用

C.教师的黄河文化知识薄弱，文化教学能力有待提高

D.学生对此兴趣不大，他们对语言学习或英美文化更感兴趣

E.语言教学任务重，授课时间紧，没有时间

6.您认为哪些措施有助于促进中小学英语与黄河文化的融合教学？（多选题）（ ）

A.提高教师黄河文化素质和黄河文化授课能力

B.将黄河文化等中国文化英语表达能力纳入英语考核指标

C.选择能将语言教学和中国传统文化相结合的教材

D.利用图表、思维导图等帮助学生理解文化

E.举办各种主题活动，提高学生学习兴趣

F.其他________

7.您会提供相关图式（图表、思维导图等）帮助学生理解英语材料吗？（ ）

A.总是会　　B.经常会　　C.一般会

D.偶尔会　　E.不会

8.您觉得提供的相关图式（图表、思维导图等）能帮助学生更好地理解、复述英语材料吗？（ ）

A.帮助很大　　B.帮助较大　　C.帮助一般

D.帮助不大　　E.没有帮助

9.您任教的学段是（　　）

A.小学　　　　　B.初中

10.您的教龄是（　　）

A.5 年以内　B.5~10 年　C.11~20 年　D.20 年以上